JN036756

職罪怪談

黒碕　薫
佐々原史緒
葉月弥生
久田樹生

竹書房
怪談
文庫

奇怪千万のハローワーク――はじめに

職罪怪談へ、ようこそいらっしゃいました。
ここは、様々な職業にまつわる実録怪奇譚を閲覧できる場所です。
言わば怪奇のハローワークでしょうか?
例えば、あなたが〈事務職〉に関する怪奇を読みたくば、事務職の怪奇を。
或いは〈漫画家〉に関する怪異に惹かれるのなら、漫画家の怪異を。
それぞれご自由に調べ、見てみる事が可能です。

ご自身に馴染みのない職種に関する不安。
これまで触れてこなかった仕事に対する興味。
様々なご事情があると思いますが、是非じっくりとご覧下さい。
きっとそこに新たな発見があると思います。
そうそう。閲覧の手引きとして、以下のように致しました。

・目次は、タイトルと職種、著者を明記した
・本文、各話タイトルの後に、職種を記載した

ただし、どうお読み頂いても問題ございません。
頭から一気に読んだ場合でも、後から職種を目次で検索しやすいようにしています。

さあ、奇怪千万のハローワーク、開庁いたしました。
是非あなたの職業に対する好奇心を満たしてください。
願わくは、心安らかに、ゆっくりと。

著者

目次

◆ 黒碕　薫
● 佐々原史緒
▲ 葉月弥生
★ 久田樹生

※本書に登場する人物名は、様々な事情を考慮してすべて仮名にしてあります。また、作中に登場する体験者の記憶と体験当時の世相を鑑み、極力当時の様相を再現するよう心がけています。現代においては若干耳慣れない言葉・表記が登場する場合がありますが、これらは差別・侮蔑を意図する考えに基づくものではありません。

アスリート（整体師）

〈施術した相手の不調を被《かぶ》る事はある。よくある話だと思う〉

整体師の小山さんの言葉だ。

彼が言うには「施術後、患者の不調部位と同じ場所が痛むようになる事がある。被りとはこの事で、これは常日頃から心身と整体院を綺麗にすれば避けられる」らしい。


あるスポーツの代表選考会が始まる少し前だったと思う。

小山さんの所へ、この選考会に出るアスリートが訪ねてきた。言わば常連で、よく身体の相談にも乗っている。どうしたのか訊けば、腰から下の不調だと顔を顰《しか》めた。最初は筋肉の張りだったたが、痛みへ変わったようだ。

施術前のチェックをしてみるが、筋肉や筋、骨に異常がありそうではない。

内心首を傾げながら、タオルを手に取り戻ってきた時だった。

ベッドに横たわる彼の下半身に灰褐色の煙が纏《まと》わり付いているのが見えた。

偶《たま》に目にするようなもので、自分にしか見えない。そして毎回パターンは違う。例えば、どす黒い赤の霧を纏った女子選手や、泥色の背中をした男子選手もいる。長年の積み重ねで、これらが悪い物と分かるようになった。だから、施術しながら、追い払う。

今回も煙を払いのけつつ施術すると、アスリートは「下半身が軽い」と喜んで帰って行った。代わりに小山さんの足腰が重くなる。塩で清めてみたが、完全に戻らない。ここまで酷い物は久しぶりだ。怠《だる》いままの下半身で家に戻ると、妻が目を丸くして、小さく叫んだ。

「腰から下に、十何人も纏わり付いている!」

希《まれ》に妻にも悪い物が見える。彼女なりの見え方で、ハッキリ視覚化されると聞く。今回は、黒い人が十何人も縋るように小山さんの腰にしがみついていると言った。物理的にあり得ない状態だ。それでもそうとしか表現できないと眉を顰《ひそ》める。

「あと、ひとりだけこっちを見てる」

顔はない。ただ、二つの大きな目が彼女をじっと見つめている、と訴える。

あ、これ、○○選手だ——妻の言葉の直後、腰が軽くなった。

下半身に居たモノは綺麗に消え去ったと、妻は苦虫を噛み潰したような顔を浮かべた。

○○選手は、今日やって来たアスリートのライバルだった。

その○○選手は、選考会直前に自業自得の事故で腰と足を痛め、選手生命を絶たれた。

あの施術したアスリートは、代表選手に選ばれ、今も活躍している。

しらせの面

（能楽師）


山田さんは古い能楽師の分家出身で、自身も趣味として能を嗜《たしな》む。

生家には本家から譲られた能面がいくつかあり、その中に『しらせの面』と呼ばれる女面があった。

「漢字だと『白瀬』ではなく『報せ』と書きます。一家の異変を報せるという謂《い》われがあるためです」

たとえば山田さんが生まれた時の事だ。

予定日までまだだいぶ日があるため、彼女の母親は自ら運転して隣町へ買い物へ赴《おもむ》き、出先で産気づいてしまった。

その時、山田家の床の間に飾ってあった『しらせの面』が落ちた。しかも、いつの間にか部屋の真ん中にぽつんと落ちていたという。

「その時、父は働きに出ていて、兄は学校でした。携帯なんてない時代の話ですから、二人が母の早産を知ったのもその日の夕方近くだったといいます」

兄がスキー場で足を折った時も、叔父が心不全で亡くなった時も、その能面は日本間の真ん中に落ちていた。

「凶事に限ってではありません。父がつきあいで出かけた競馬で大穴を当てた時なども『しらせの面』は床に落ちていたそうです」

一家に変事があると自ら床へと落ちて報せてくれるとは、まるで家の守り神のようではないか。さぞや丁重に祀っているのかと思いきや、山田家では今ではその面を仕舞いこんでいるという。

「教えてくれるのが凶事だけならば心配すればいいし、吉事だけならば喜べばいいですが、どちらともとなると心構えに困ります。壁にさえ飾らなければ落ちないし惑わされる事もありません。かと言って、能楽に使うのもちょっと勇気がいりますから保管しておくのが一番です」

上等な桐箱の中がそれなりに気に入ったのか、『しらせの面』はこの数十年大人しくそのままでいるという。

刀剣の意思（学芸員）

博物館には、さまざまな収蔵品がある。昨今、日本刀がブームになり、博物館に刀剣鑑賞が目的で来る人が増えた。ブームの発端となったオンラインゲームがあるのだが、そのゲームにも実装されている有名な日本刀にまつわる不思議な話を学芸員の方から公開講座で聞いた。

その刀が所蔵されている博物館では、大手印刷会社と協力して文化財の写真資料を撮影している。普通のカメラは、レンズの関係で端が大きく写ってしまい、厳密にいうと正確ではないのだが、その印刷会社の開発したレンズだと精密に写す事ができる。この技術を使って、博物館所蔵の刀剣を精密な写真に収めようという企画だ。

だが、その中で、何度やってもピントがボケたようにしか写らない刀があった。

これが、先ほど挙げたオンラインゲームでも実装されている刀だった。

講座の中で、学芸員の先生は「なんで写らないかは分からないのですが、何度取り直してもダメだったので、諦めました」と言っていた。写りたくないという頑《かたく》なな意思が刀剣にもあるのだろうか。

また、別の博物館でうかがった話。

その博物館では、閉館して入場者のざわめきがなくなり館内がシンと静まり返ると、妙な音がする日本刀があった。ところが、その刀を展示しても、鳴る時と鳴らない時がある。よくよく観察してみると、ある刀の隣に展示するとその刀は絶対に鳴らない事が分かった。鳴る刀をなだめているのだろうか。その、なだめているほうの刀も、オンラインゲームで実装されている刀である（鳴るほうの刀は未実装）。

二つの話は、マニアの間では有名なので、ネットで検索するとおそらくすぐにどの博物館所蔵のどの刀なのか分かると思う。ヒントは、どちらも数字に縁のある刀剣で、写真に写らない刀は三十六、なだめる刀は三。タイミングがあえば、その刀を拝見する機会もあると思うので、ぜひ、所蔵する博物館に足を運んでいただきたい。

婦人たち（美術館学芸員）

赤根さんはとある地方美術館の学芸員だ。

「と言っても、正規職員は僕を含めてたったの三名。歴史は古いですが、収蔵品の大部分は県内の名士から寄贈されたものばかりです」

ある時、地元では名の知れた資産家が亡くなり、その遺品がいくつか美術館に寄付されてきた。その中に、学芸員たちの目を惹くものがあった。

一枚は風景画。爽やかな森の中にワンピース姿の女性が佇んでいる。もう一枚は人物画。和服姿の美女が気怠そうに微笑んでいた。

「でも、何か共通した魅力を感じて、次の年の展覧会で並べて飾る事になりました」

しかし、観覧者は誰もその絵の前で長く足を止めない。それどころか、露骨に眉を顰めてすぐ立ち去ってしまう人もいたほどだ。

「その上、警備員から変な報告が上がってきたんですよね。その絵の付近から音が聞こえる。まるでそれが泣き声や悲鳴みたいなんだって」

学芸員たちはもちろん誰も信じなかった。だが、展示室内で漏水でも起きていたら困る。

そこで一番若い赤根さんが念のため確認する事となった。

「深夜まで事務所で仕事して、日付が変わる頃に展示室まで行ってみたんですよ。すると、本当に聞こえるんですよね」

展示室の扉越しに、女性の嗚咽《おえつ》のようなものが流れてくる。恐る恐る、赤根さんは扉を開けた。泣き声は確かに二枚の絵のあたりから響き渡ってくる。彼は怯えて、とっさに照明をつけた。それが、かえってよくなかった。

「明るくした瞬間、背後から何者かに顔を覗きこまれました」

ぐいと近づけられた相手の顔には目がなかった。真っ黒な二つの孔が顔の中にぽっかりと開いている。なのに、悪意の籠もった視線がこちらに向けられている事だけははっきりと分かった。

悲鳴をあげて赤根さんは展示室から飛び出し、戸締まりもそこそこに自宅へ逃げ帰った。

「後から、さりげなくご遺族に絵の来歴をうかがったところ、風景画の方は故人の妻の若い頃の絵、人物画は愛人の絵だったんです」

協議の末、風景画は市外の図書館に贈られ、二枚の絵は永久に引き離される事となった。

あの夜、泣いていたのが正妻の方なのか愛人の方なのか確かめる術はない。

幽霊の理由
（文化施設職員）


高原さんの働く文化施設は郊外にあった。

郊外と言っても交通の便はよく、利用料金は安い。

しかし人気がなかった。理由は〈幽霊が出る〉からだ。霊感がある人は近づいただけで倒れてしまうとまで言われている。

一番有名なのは非常階段に立っている兵隊姿の幽霊。次は楽屋に現れるワンピース姿の女性だ。この二人（?）は高原さんも見た事がある。

有名な噂だったので、初めて見た時は驚きよりも「ついに見た！」という感動。それくらい職員にとって、幽霊が当たり前のものになっていた。

しかしだ。幽霊にルールがあるわけではないが、一施設に一人がせいぜいだろうと彼は思う。そもそも何か理由があって現れるのが幽霊ではないのか？

だが楽屋で亡くなった人はいないし、施設のある場所は戦場でもなかった。なのになぜあちこちに幽霊が現れるのだろうか？

その他にもランドセルを背負った女の子、でっぷりと太った男性など現れる幽霊に一貫性が全くない。

幽霊そのものよりもその理由の方が恐ろしい気がするが、謎は謎のままで高原さんは今日も兵隊姿の幽霊を見た。

聞こえる（華道家元）

外村さんは華道の家元であると同時に複数の不動産の大家でもある。

ある時、家賃を何ヶ月も滞納した店子《たなこ》が「会社が潰れてどうしても払えない。代わりにこれをもらって欲しい」と大きな壷を持ってきた。

「本人は高価な明《みん》の器だと言い張るのですが、そんな逸品がそうそう転がっているはずがありません。けれど、なかなか姿のいいもので受け取る事にしたんです」

当時は春も間近。桜を一枝、投げ込むように生けてみたところ、想像を上回る出来となり、悦に入った彼女はそれを床の間に置いた。

しかし、翌朝見ると、桜の花がすべて散ってしまっている。

「花弁が周囲にはらはら落ちているのならまだ分かりますが、すべての花が萼《がく》から千切れて転がっていたんです」

屋外の桜の花が萼から落ちるのは、雀や目白などの小鳥が蜜を吸うために引きちぎるからだ。けれど、彼女が花を生けた部屋に鳥が入りこめる隙間はない。

おかしな事もあるものだと思いつつ、次は春薔薇を生けてみた。これもなかなか華麗な出来になったので、今度は玄関に置く事にした。

「でも一夜経ってみたら、全部の薔薇の花が付け根からぼっきり折れたようにして、あたりに転がっているんです」

牡丹、石南花、紫陽花とさまざまな花を生けてみたが、いずれも結果は同じ。一夜明ければすべての花が、まるで首でも落とされたかのように千切れて転がっている。

さすがに気味悪くなってきた頃、次女がふいに言い出した。

「あの壷の中から音がするっていうんです。コンコンと誰かが内側から叩いてるみたいだって」

小さな頃から、何もない壁に向かって話しかけたり、庭の隅をじっと見ていたりする娘だった。これは何かあるかもと、外村さんは慌てて近くの神社に壷を持ち込み、お祓いを頼んだ。

「それ以来、花が落ちなくなりました。音もしないと娘も言っています。置いていった店子さんとはあれ以来まったく連絡がつきませんから、あの壷がどういう来歴のものか知る術がもうありません」

とりあえず日本の神主の言葉が通じる相手でよかったと、彼女は胸を撫で下ろしている。

無断欠勤

（動物園飼育員）

私は専門学校で講師をしていた事がある。エンタテイメント系のシナリオや小説の書き方を教えていた。その専門学校には様々な科があって、動物の飼育学を学んで、動物園や水族館のスタッフとしての就職を目指すという学科があった。

卒業式は、動物学科もエンタテイメントの学科も合同なので、式の時の「皆勤賞」の授与の時に、学科によってあまりにも意識に差がある事に驚かされた。どういう事なのかというと、動物学科の皆勤賞は99％、エンタテイメント系の皆勤賞は3％くらいなのだ。つまり「生き物の命を預かっている」という強い意識があるのだろう。動物の学科の生徒たちは、絶対に学校をサボらない。片や、エンタテイメント系の生徒たちは、その辺はゆるゆるなのだ。

どちらが良いとか悪いなどとここで論じるつもりはない。ゆるく学び、しっかり遊ぶのも青春の一ページだ。ただ、99％と3％という、とんでもない差が数字で示されてしまっているので、純粋に驚いた。

講師生活が数年目のある日、職員室でテストの丸付けなどをしていたら、動物学科のほうの先生がたが何やら騒がしい。どうやら、インターン生として送り出した生徒が、実習先の施設に来ていないというので、問い合わせが来たようだ。

その無断欠席のインターン生は、学校に呼び出されて事情を聞かれたのだが、ちょっとパーテーションで区切られただけのスペースで面談をしていたので、聞き耳を立てていたわけではないのだが、話が聞こえてしまった。

リスなど小動物の担当になった彼女は、もちろん真面目に仕事をこなしていた。しかし、リス小屋を清掃しようとして、リスではない得体の知れない何かが小屋の中にいる事に気づく。何がいるのか分からないが、得体の知れないものにぞっとして、その日は小屋の中を清掃せず別の作業をした。翌日、同じリス小屋をのぞいてみると、リスのものではない、大きな目玉がこちらを見ていた。驚いて、その施設の職員にこの事を話すが、とりあってもらえない。そして三日目、出勤するつもりだったので、欠勤の連絡をしなかったが、あまりの恐怖にリス舎に行かれなかったのだという。生徒は泣きながらインターンを辞めたいと言っていた。「なんか、本当に気持ち悪いものがいたんです。本当なんです」彼女は必至で訴えた。

動物学科の生徒が無断欠勤なんてよほどの事があったのだろうと思ったが、これは確かによほどの事だ。しかし、その目玉の正体は一体何だったのだろう。

幽霊のほうがまだマシ（特殊清掃人）

自死、孤独死、殺人。様々な事情で死後時間が経ってしまったご遺体があった現場を清掃する職業。それが「特殊清掃人」だ。

高齢化で独居老人の孤独死が増え、コロナ禍で自殺者が増え、この特殊清掃人の仕事も増えてしまった。

基本的に清掃は、ご遺体を搬出した後に行われるのだが、人型にべったりとついたシミ、飛び回るハエ、蠢くウジなど、あまり気持ち良いとは言えないものと対面する事になる。当然、こういうものに慣れないと、この仕事は続けられない。

そして、いわゆる怪奇現象もしょっちゅうなので、慣れっこになってしまう。ラップ音。電源が入っていなかったはずのラジオが突然大音量で鳴り響く。人のうめき声。ガラス窓に映る、自分たち清掃員ではない誰か。

そういう怪異にいちいち驚いていては、この仕事は務まらないのだ。

特殊清掃人のA氏は独居老人のご遺体があった現場を処理する事となった。

今回、自分を含めて三人のチームだ。皆、ベテランで何があっても多少の事には動じない者ばかり。

　現場は団地の一室で、先ずは玄関ドアの前に持参した香炉に線香を立て、焚く。独特の香りがあたりに漂った。この会社の場合、清掃員は仕事の前に合掌して、心の中で「お掃除させていただくために、お邪魔します」と挨拶するのが習慣になっていた。

　いつもどおり合掌していると、同じ階の住人が通りかかった。

「ここの家で何かあったんですか？」

　と聞いてくる。野次馬だろう。ご近所さんとはいえ、個人情報をベラベラ喋るわけにはいかないので、言葉を選ぶ。

「最後のお掃除に伺わせていただきました」

「あー、おじいちゃん引っ越しちゃうのか。さっきちゃんと挨拶しておけばよかったな」

　住人は、おじいちゃんはピンピンしていて、さっきも公園で散歩していたし、昨日も銭湯でお湯に浸かっていたと話す。

　こういう、幽霊なのか本物なのか見分けがつかないものが一番面倒だ。本物なら、ここにあったご遺体はおじいちゃん本人ではないのだから、事件という事になってしまう。幽霊のほうがまだマシだ。この時は、一応警察に報告はしたが、その後どうなったかは分からない。Aさんの直感では、幽霊だったのではないかとの事だ。

熱心な人（大工）

今年二十一歳になるアキラは工務店に勤める大工だ。住宅を施工するのが主な仕事である。

昔は住宅を作っていると、施主さんがジュースなどの差し入れを持ってきてくれる事があったが、今は会社のほうで「差し入れは必要ないですよ」と断っているのだが「ほんの気持ちなので」と、持ってきてくれる施主さんもいる。

その現場は、毎日様子を見に来るが、差し入れはないというパターンだった。

会社が「いらない」と言っているので、差し入れがないのは構わないが、毎日毎日来る人は、少なくともアキラの勤めている地域では珍しい。夫婦共稼ぎが多いので、平日の日中に稼働している現場を毎日見学に来るのは至難の業だからだ。

施主さんは男性名だが、毎日進捗を見に来る人は女性だ。専業主婦の奥さんだろうか。毎日来るなんて、よほど新築の家が楽しみなのだろう。アキラは、入社直後の社員研修で口を酸っぱくして言われた「気持ちの良い挨拶を」という社訓を守り、女性に毎日挨拶をし、時には「今日は晴れましたね」「暑いですね」など、愛想よく話しかけてもみた。

しかし、女性は無口な人なのか、軽く会釈をするだけで会話をする事はない。

棟上《むねあ》げ式の時も、引き渡しの時も、結局会話をする事はなかった。

その現場の仕事が終わる時、アキラは親方に「毎日様子を見に来て、熱心な奥さんでしたね」と言うと、渋い顔をされた。

「誰も来てなかったぞ」

毎日、現場の仲間はアキラが誰もいない空中にむかって挨拶をしているのを見ていた。

「なんか気味が悪いから言い出せなかったが、事故もなく無事に仕事が済んで良かった」

親方の言葉に、アキラはぞっとした。あれは幽霊だったのか？　しかし、この土地で女が死んだなどという因縁話は聞いた事がない。

町の工務店なので、仕事をしているとこのあたりの噂は嫌でも耳に入る。

その後、施主の旦那さんが浮気をしていて、警察沙汰になるほどの夫婦喧嘩をして大変だったと聞いた。もしかしたら、毎日様子を見に来ていたのは、浮気相手の生霊かなにかだったのかもしれない。妻の座を奪って、この家に住むのは自分だと強く思っていたら、生霊になってしまう事もあるのか。

真実は分からないが、ただ、アキラが毎日挨拶をしていた女性は確かに熱心すぎた。それ以来、家でも、愛情でも、異常な執念を燃やす性質の人は怖いと思うようになった。

意気消沈

（設計士）


設計士の苅野さんは、お客様の要望をできうる限り取り入れる。

家は高い買い物だ。満足して欲しいから、何度も打ち合わせを繰り返し、擦り合わせていく。完成後、お客様が喜ぶ顔を見るのが何より報われる瞬間だった。

そんな苅野さんが、経験上気付いた事がある。

打ち合わせは、大体お客様夫婦、ハウスメーカーの担当、自分の四人で行う。資料や設計図を前に話しながら、皆で指やペンで該当場所を指し示しあうパターンが多い。

そんな時、時々手がひとつ多くなっている事がある。

お客様の右手が二つ。担当の右手がひとつ。自分の右手がひとつ。合計四つ。

そして、他に右手がもうひとつ。

普通の大人の手で、細い指をしている。多分、女性のものだ。

気がついて顔を上げてみるが、参加者は四人。右手は正しく四つしかない。

自分以外は誰も気付かない、謎の右手である。

そんなものが現れた打ち合わせは、仕事が中途で終わる。

お客様ご夫婦の奥様側から不満が出て、話が立ち消えになるのだ。

もちろん解約金や違約金が発生するので、お客様には大きく負担が掛かる。当然、頑張っていた担当や苅野さんのショックも大きい事は言うまでもない。

だが、最近は余分な右手が現れると「ああ、この仕事はなくなるな」と身構えられるようになったので、意気消沈する時間も短くなった。


謎の右手が出た後、解約したお客様と偶々街中で会った事がある。

旦那様の方であったが、とても顔色が悪く、健康を害しているようだった。

何となく声を掛け、少し立ち話をした。

申し訳ないが、家を建てないで良かったとお客様は言う。

妻と別れ、会社から見捨てられ、病に罹ったから、と。

掛ける言葉も見つからないまま、その場で別れた。

謎の右手が出たお客様が全部そうなっているとは言えない。

だが、しかし、もしかしたら、と思わざるを得ないのも確かである。

現場にて（塗装業）

和田さんは塗装業者である。

彼は個人経営であるから、下請け仕事が多い。不景気の世の中だとかなり足下を見られ、買いたたかれる。

世知辛い世の中だと溜息も出る。


そんな彼だが、時々首を傾げる事に出遭う。

とある現場で作業を終え、外に出た時異常なほど身体が重くなった。悪寒と目眩も始まる。視界も暗い。しかし溶剤などのせいではない事は確かだ。作業中は細心の注意を払って換気もしている。

ふらつきながら何とか自前のワゴンに乗り込むと、急に身体が楽になった。

一体何だったのかと思いながら、何の気なしに現場入り口を振り返る。

特に何もなかったが、一気に体温を奪われた。

全身が震え出す。歯の根が合わないとはこの事だ。

本能的にその場を離れた。近くの十字路を抜けた途端、悪寒は消え失せた。
翌日、例の現場で事故が起き、ひとり死んだ。高所からの墜落死だった。
それ以降、おかしな事は起こらなかった。

別の現場から帰る時もおかしな事があった。
自宅兼会社へ戻る際、小学生を繰り返し跳ねかけたのだ。
全員右側から飛び出してきて、危うくぶつかりそうになった。
ドライブレコーダーに残っているのを数えると、全部で六度だ。
偶然とは言え、ここまで重なると気分が悪い。
一度車を止めようと、コンビニに入った。
その途端、携帯が鳴った。
弟の子供が急死した、という報せだった。

空へ吸われる（建築業）

先日、賛否入り乱れる中、東京五輪が開催された。

都内で小さな建築事務所を営む守谷さんは「それなりに恩恵にも与《あずか》れたし、まあ可もなく不可もなく」という気持ちで五輪関連の報道を眺めていたが、彼の祖父はすぐに顔をしかめてテレビを消してしまう。

「東京五輪って聞くと、いやな事を思い出すんだ」

どうも若い頃、つまり、前の東京五輪の時に何かあったらしい。守谷さんがせっついてみたところ、祖父はようやく重い口を開いた。

以前の東京五輪の建築ラッシュは今回の比ではなかった。都市中の道が整えられ、橋がかけられ、新幹線が走った。その狂騒のただ中に若き日の祖父もいた。当時としてはかなり高層のビルを建てていたという。

「開催の一、二年前からガンガン資材を運びこんで、どんどん働いても追いつかない。今みたいに労働基準法なんかもろくすっぽなかったから、とにかくみんな擦り切れるまで働きまくった」

今とは違い、その分だけのお金はしっかりもらえる。空前絶後の稼ぎ時だと意気込んで、祖父も部下たちを叱咤激励して頑張り続けた。

ある夏の日、完成間近のビルの足場の上で、広がる東京の風景を見ながら、同僚が突然笑い出したという。

「高いところはまあ爽快だからね。そういう気持ちになる事もあるわなと最初は一緒になって笑ってたもんだよ」

たが、同僚の笑いは止まらない。甲高くつんざくような哄笑が長々とあたりに響き渡った。これはちょっとおかしいぞと皆が思った瞬間、その彼はひょいと足場から身を乗り出したのだ。落下防止のハーネスはその体のどこにも着けられておらず、即死だった。

「笑顔のまま落ちていく同僚の姿がよ、今でも脳裏を離れないんだ」

うなだれ呟く祖父の胸中が、なまじ同業なだけに想像できた。

どんなに仕事が忙しくても必ず眠れ。そして、疲れた時は高所からやたらあたりを眺めるな。以来、部下にはそう注意するようにしている。

納得

（資材メーカー勤務）


赤坂さんは、資材メーカーの営業部に勤めている。

本社、支社、工場。全てが所謂ブラック企業であった。

が、彼は三年目辺りから麻痺し、これが当たり前の状況なのだ、となってしまった。

同僚らも当然似たような状態で、誰ひとり文句を言わず黙々と働いた。

中には心を病み、突発的に死を選ぶ者も出てくる。

上司曰く「弱い人間だから死ぬ。根性なしだから」らしい。

起業から五十年以上が過ぎているが、自死した者は数え切れない。加えて、工場内で不慮の事故も多発し、大怪我や死亡した者も多かった。

こう言う会社だから、当然〈出る〉という噂も蔓延する。

夜、工場内にある無人制御のラインを、古い作業服を着た男がじっと見つめる。

就業時間のチャイムが鳴った瞬間、出入り口のドアが開くが、誰もいない。

仮眠室の床の上でうずくまり、ずっと泣いているこの世の者ならざる女子社員。

夜中、トイレから出てくる男性社員は、そのまま目の前の窓をすり抜けていく。

このように枚挙に暇《いとま》がない。

ただ、目撃して騒ぐのは会社に入って間もない人間だけであり、ベテランになればなるほど、「糞邪魔」「出るなら仕事をこなしてくれ」などと出てきたモノに暴言を吐く。

やはり殆どの人間がどこかヤラれているのだろう。


赤坂さんもおかしな体験をしている。

繁忙期を過ぎ、少しだけ社内が落ち着いた頃だ。

客先から緊急だと依頼された資料を探しに、同僚と倉庫へ入った。

大量の段ボールを開けた後、同僚は短く叫んで倉庫の奥へスキップしていく。

そしてスチール棚の合間に入って出てこない。

時間がないのに、と呼びに行くと、その姿は忽然と消えていた。

棚と棚の隙間はどん詰まりだ。上は天井まであり、くぐり抜ける隙間もない。

何がどうなったのか分からないまま、赤坂さんは資料をひとりで探した。

以降、その同僚の姿を見ていない。失踪届は出ているが、安否不明である。

分からない

（工務店経営）

浅間さんは工務店を営んでいる。
大きくないが、少数精鋭の職人たちが自慢だ。
独立したのが三十代に入ったばかりの時で、結婚はそれから数年後だった。
そして四十を前にして、子供ができた。
渇望していた跡取りに喜んだ彼は、名付けに悩んだ。
姓名判断も素晴らしいものを、と凝りに凝った事は言うまでもない。
結果、少しだけ画数の多い、それでいて縁起の良さそうな漢字の名前になった。
名付けから数ヶ月後、知己であった住職と会食する機会を得た。
息子自慢ついでに名前を教えたのだが、その途端、住職の箸が止まった。
「字画はよい。だけど、漢字そのものが駄目だ。三十になる前に不幸が訪れる」
漢字に喰われる、或いは、漢字に潰されると荒い語気で詰め寄ってきた。
「この子が長生きするには、この子が長にならない事だ」

雇われ人として働くなら、二十を越えても生きられる。だが、もし浅間さんの会社を継ぐ、自ら会社を興す、或いは別会社で社長に抜擢される等、そうなった途端、名の漢字が息子さんを喰らい尽くす、らしい。

「だから、改名か、継がせないか、雇われ人として一生生きるか、だ」

結果、手間を掛けて改名した。

現在、息子さんは二十五になり副社長として頑張っている。

——のだが、今度は息子さんの子供、孫に関して代替わりした住職から忠告があった。

〈孫は、絶対に木を扱う仕事に就かせてはいけない。死にはしないが、それよりも辛い目に遭う〉

驚き、理由を聞いた。

〈アンタんとこで建てた家か仕事した家、そのどれかでここ数年内に使った木が障っている〉

その木を取り除き供養すれば孫に類は及ばないと言う。だが、どの木か心当たりがない。手当たり次第に顧客の家を調べる訳にもいかず、どうしようもなかった。

木を扱わない工務店はない。

住職の言う事が本当なら、孫は浅間さんの会社を継げない事になる。

住職の言葉を無視するかどうか、家族たちは悩んでいる。

定義があいまい（不動産事務）

沙也加は不動産屋で事務職をしている。仕事内容は賃貸物件の問い合わせへの店舗での対応、電話対応、チラシの整理整頓など。とにかく、やるべき事がたくさんあって忙しい。地元密着型の不動産屋で、賃貸のあっせんだけでなく、管理会社も兼ねている。沿線に大学があるので、卒業・入学のシーズンである春ごろにはかなり忙しくなる。

その、時期的な忙しさを抜けたある日の事。沙也加の勤める営業所に電話がかかってきた。「上の階の騒音がひどいから何とかしてほしい」という。生活騒音の苦情はよくある話なので、先ずは該当の部屋に注意喚起のはがきを出す。それでも収まらなかったら、訪問して話し合う。といった手順を踏む事になっている。

マニュアル通りに対応しようと、沙也加はどの部屋からの騒音なのかを尋ねた。

電話の主は三〇二号室で、騒音はその上の四〇二号室だという。

「自分の寝室の真上で、夜中に子供の足音がバタバタとうるさい」

沙也加はマニュアル通り、四〇二の入居者に宛ててはがきを出した。

ほどなくして、今度は四〇二の入居者の男性から電話がかかってくる。

「仕事の関係で部屋に帰るのは朝で、昼に寝て夜出勤している。夜中には家にいないので騒音が出るなんてありえない。そもそも、男の独り暮らしなんで、子供の足音がするというのは気のせいなのではないか」

との事だった。

四〇二の男性は、知らない間に誰かに合鍵を作られているのではないかと不安になり、自分がいない間の部屋の様子を録画する事になった。

動画には誰も映らなかった。だが、同じ時刻に階下の住人はパタパタという子供が駆け回る足音と、ママーなどと親を呼ぶ声を聞いている。心霊現象に違いない。男性が「幽霊が出る部屋を貸すなんて、これは事故物件だろ！　どうして告知しなかった！」と怒鳴り込んできた。

結局、男性は解約。その階下の人も近日中に引っ越しを考えているそうだ。

しかし、事故物件というのは定義があいまいで、貸す直前に自殺者が出ていたり事件でも起きていない限り告知義務違反にはならないそうだ。だから、住人が心霊現象が起きたと主張しても、この部屋は次の入居者には何も伝えられる事はない。このように、短期間で何回も入居者が変わる部屋は、沙也加が知っているだけでもいくつかあるそうだ。

蛭（道路工事関連会社）

野上さんは、道路工事関連を行う会社に勤めている。
彼自身、入社から十年ほど経ち、中堅となった。

そんな彼には、今まで誰にも言わない事があった。
それは、作業中におかしなモノを見る事である。
曰く〈数ヶ月に一度くらいの割合で昼夜問わずだが、いつも必ず見るわけではない〉。
彼が作業中、下を向いていると、ふと視線の端に何かが入る。
機材や、安全靴を履いた他の作業員の足の合間に異質なモノが混じっている。
二本の裸足だ。
ある時は、黄色く分厚い爪をした男の足。
他の時は、ペティキュアが塗られた女の足。
枯れ木のような足は老人だろうか。子供のような小さな足の時もあった。
とにかく、様々な二本の足が現れた。

共通しているのは、酷く汚れ、どことなくボロボロに見える事だろうか。

あと、膝から上を見ようとすると消える。

他、近寄るか、或いは作業が少し進んでも姿を消す。何故かは分からない。

自分にしか見えないようなので誰にも言わない。とにかく秘密にしている。変な人間だと思われなくないからだ。


もちろん足が出る理由は分からない。

例えば、その現場近くで過去に事故や事件があったなどの曰くはない。

また、作業完了後にそこで人が死んだような話も聞かない。


ただ、と彼は顔を曇らせる。

〈足の甲に蛭《ひる》がついた足を見た翌日は、誰かの通夜に参加する事になる〉

だから、蛭のついた足を見ないよう、仕事前に願うのが日課になった。

可愛い盗人（介護職員）

野田さんが勤務する介護施設には黒川さんという九十代の女性がいた。

小柄でいつもニコニコしていて、職員が世話をする度に「ありがとうね」と感謝の言葉を忘れない。そして職員が髪を切ったりするとすぐに気がついて「似合っている」と褒めてくれる。

職員たちのアイドルと言ってもいいほどの黒川さんだったが、困った癖が一つだけあった。それは盗癖である。

と言ってもボールペン、ハンカチ、メモ用紙などを「可愛いから」という理由で持って行ってしまう程度のものだ。そしてほとんどが職員の私物なので、大きなトラブルになる事はない。

ただ一応、注意はする。しかし「ばれちゃった」と微笑む姿は愛らしく、本気で怒る気にはとてもなれない。野田さんはそんな黒川さんが大好きだった。

野田さんが初めてジェルネイルをした時に「可愛い！」と最初に褒めてくれたのはやは

り黒川さんだった。

ネイルと言ってもベージュかピンクベースのワンカラーで小さな装飾程度しか許していない職場だ。彼女のネイルも決して目立つものではない。なのにちゃんと気がついてくれた黒川さんを彼女はますます好きになった。

三月上旬のある日。野田さんはベージュベースに桜の花びらを小さく入れたネイルをした。黒川さんはいつも以上に「可愛い！」と褒めてくれる。そして彼女の指を手に取って「もう少しで桜の季節ね。早く見たいわあ」と微笑んだ。

しかしそれから五日後の朝、黒川さんはベッドの上で眠るように亡くなった。老衰である。

ご遺体を家族に引き渡した後、野田さんは「黒川さん、結局、桜を見られなかったな」と自分の爪を見た。するとネイルがすべて綺麗に無くなり、地爪だけになっている。

「黒川さんだ」と彼女は思った。すると「ばれちゃった」と言う声が聞こえたような気がした。

亡者の郷愁（医師）

医師の井村さんが研修にいった病院には大きな絵が置かれていた。彼からするとなんて事のない風景画なのだが、先輩医師はしきりに「あれはよくない」と言う。

「どうもこの先輩、霊感があったみたいでね。自殺者が出た大学の寮で変わった物音を聞いたとか、数日前に亡くなった患者を部屋で見かけたとかそういう話をよくしてましたねえ」

もちろん、これもあくまで医師同士の内輪の話で患者には何も伝えていない。なのに何故か、あの絵の前の廊下で具合が悪くなる者が後を絶たなかった。中には何かを感じる人もやはりいるようで、「あの絵がよくない」という噂が患者の間でも自然に広まっていった。

「そうなると、病院側もほっとけない。だから、仕方なくお祓いを頼む事にしたんだ」

やってきた霊媒師は絵を一目見て、「絵の中に人が三人いるのが見えます。いずれも焼け死んだ人です」と断じた。

この病院は地域の中でも新しく、火災があった記録などない。絵の来歴によるものだろうかと井村さんたちが首を捻っていた翌日、自衛隊から連絡があった。

「その土地の地下に戦時中不発弾が埋まっている可能性が出てきました」

と。

数日後には調査隊が乗り込んできて、地下を隈無く調べたところ本当に不発弾が発見された。しかも、特定された埋没位置は、例の絵が飾ってあった廊下の真下だったのだ。

「爆弾処理のためあたり一帯を無人にしろと言われて、もう大騒ぎになった。絶対安静の患者をそれでもなんとか動かさなきゃならないんだから」

その騒動の最中、井村さんは知った。

病院の建っている地域は先の大戦で大空襲にあい、何万もの人が死んでいる。絵の中の焼死者もたぶんおそらくは――。

佇む人（産科看護師）

看護師の木村さんは産科に勤めるまで、命を生みだす産科は喜びにあふれた場所だと思っていた。しかし出産を控えて神経質になっている妊婦は多く、こちらが何気なく言った一言で泣き出す事もあった。

病院では出産後の女性を対象にした母親学級があった。そこでは沐浴の仕方など、赤ちゃんの日常ケアを中心に教える。木村さんは看護師長のサポートをしながら沐浴などを実際にやってみせる役目だが、小刻みの授乳で疲れている産婦の中にはボーっと聞いている人も多かった。

「母親学級をもう一度受けたいんです」と希望してきた角田さんは昨日受講したばかりの産婦で、一番前で熱心にメモを取りながら聞いていたのが印象的だった。看護師長に聞いてみると、初めての参加者優先だからできるだけ教室の後ろで聞いて欲しいと言う。角田さんにそう伝えると「分かりました」と教室の後ろに座り、やはり熱心にメモを取った。

彼女は退院するまで毎日やってきた。思いつめた様子でメモを取る姿に、産後うつではないかと噂になるほどだ。退院する時に「あまり無理をしないでね」と木村さんたちが声をかけたが、彼女は無言のままで帰っていった。

ところが一週間後、教室の後ろに角田さんが現れた。椅子には座らず、隅の方にただ立っている。次に来るのは一か月検診のはずなので、看護師長も驚いている。沐浴指導を終えて隅を見ると、彼女の姿は消えていた。受付で確認すると来てはいないと言う。

それから彼女は毎日現れ、いつの間にか姿を消す。その様子に木村さんも看護師長も彼女はこの世の人ではないと確信した。そしてそれを裏付けるように一か月検診に来なかった。教室の隅にはぽつんと立っているのにだ。

約半年近くが経った頃、教室から彼女の姿が消えた。何があったのかは分からない。ただ、いい事のように木村さんは思う。

薄桃色のおくるみ

（病院受付）

今から約三十年前、加瀬さんは耳鼻科の受付をしていた。医者が一人、看護婦が二人の小さな病院である。

寒い冬の月曜日。朝一番でやつれた感じの若い女性が薄桃色のおくるみを抱いてやって来た。子どもの耳が聞こえてないので診て欲しいと言う。

おくるみの中を見て驚いた。包まれているのは赤ちゃんの人形だったからだ。

恐怖を感じて診察室の医者に助けを求めると、中に案内してかまわないと言う。

彼女は「今まで何軒もの病院に断られたのに本当にありがとうございます」と何度も頭を下げて診察室に入っていった。

と、ここまでだったらいい話だが、医者はしっかりと治療費を取った。なんと薬まで処方している。そしてその治療費はそのまま彼のポケットマネーになった。

次の月曜日も女性は〈子ども〉を連れてやって来た。聞こえるようになるまで毎週通うようにと言われたそうである。どんなに通っても聞こえるようになるわけがない。あまりにもひどい話なので、加瀬さんは看護婦二人と医者に抗議をした。すると女性が満足しているのだから問題はない。うちで断ったらまた病院を捜し歩くだけだと言う。

確かにそうだがやり方が汚い。高額な治療費をもらう度に加瀬さんは憂鬱になった。

薄桃色のおくるみに包まれた〈子ども〉が通院するようになって半年近くが経ったある日。月曜日ではないのに彼女が「聞こえるようになりました！」と興奮状態で現われた。しかしその手に〈子ども〉はいない。おくるみの布だけがひらひらと彼女の手の先で揺れている。

驚いて診察室から出てきた医者に女性は甲高い声で礼を言う。そして薄桃色の布をひらひらさせながら踊るように出て行った。

その場にいた全員が呆然としていると、突然、医者が倒れた。救急搬送された病院で脳梗塞と診断される。幸い命は助かったものの、仕事を続けるまでには回復しなかった。

罰が当たったのだと加瀬さんは思った。それよりもあの女性の事が心配だった。〈こども〉がいなくなった薄桃色のおくるみ。それをはためかせて出て行った彼女には幸せになって欲しい。

もう一人のあの子（保育士）

松下さんは都心の保育園に勤め始めてまだ一年の新人保育士だ。よく晴れた日には子供たちをつれて近所の公園へ行く。都心の狭い園庭よりもずっとのびのびと遊べるからだ。

しかし、ある日、いつもの公園に工事が入り、違う公園へと行く事に。

その公園で、不思議な事が続いた。

「公園遊びの途中はいつも水分補給のために子供たちに紙パックのジュースを配るんですが、これが何故か一つ足りないんですよね」

子供たちの顔を見回し、人数を確かめる。知らない子はいない。名前の分からない子もいない。だが、手元のジュースは足りない。

「やだ、間違えちゃったって慌てて予備を出ましたが、次の日も、さらに次の日も同じような事が起きました」

子供の数は合っている。だが、常にジュースは一つ足りない。

「なんだかまるで座敷わらしでも紛れ込んでるみたいね、って先輩保育士さんが笑って……それでちょっと気になって調べてみたんですよね」

公園ができる前、そのあたり一帯は畑だった。そこへ、十代の娘が生まれたばかりの嬰児を「育てきれないから」と遺棄した。小さな遺骸はビニール袋に詰め込まれ、畑の作物の間に無造作につっこんであったという。

「もしかして、生まれたての子供が自分が死んだ事も気がつかないまま、うちの園児の中に紛れこんでるのかなって思ったら可哀想になっちゃって。だから、私、次から自費でジュースを買って一つ多く持って行くようにしたんです」

松下さんのそんな優しい気持ちが弔いになったのか。三日ほどでジュースはまた一つ余るようになった。

いつもの大きな公園の工事も終わり、園児たちはもう例の公園には通っていない。

新しいお友だち（保育士）

「新しいお友だちがいるの」と保育園児の一人が教えてくれた。

しかし新しく入った園児はいない。なので保育士の相沢さんは〈イマジナリーフレンド〉なのだと思った。

それは空想上の友だちの事で、子どもにはよくある話だ。


ところが他の園児も同様の事を言い出す。

〈新しいお友だち〉はピンクの服を着ていて、しましまの長いしっぽがある。園児たちがいう〈新しいお友だち〉は同一人物のようだ。

当然、職員会議でも話題になったが「なにかのゲームでしょう」という事で片付けられた。園児たちが〈新しいお友だち〉と遊んでいる以外はなんの問題もないので無理はない。

ただ不思議なのは〈新しいお友だち〉の名前を聞いても誰も答えられない事だった。

いつまで〈新しいお友だち〉と呼んでいる。

ある時、相沢さんが忘れ物をして閉園した保育園に戻ると、集会に使うホールに人の気配がある。恐る恐るホールを覗くとピンクの服を着てしましまの長いしっぽがある子どもと目が合った。

〈新しいお友だち〉だ。

「見つかっちゃった！」と〈新しいお友だち〉が言う。相沢さんが思わずうなずくと「残念！」と言って〈新しいお友だち〉は消えた。

次の日から〈新しいお友だち〉の事を話す園児はいなくなった。相沢さんからその話をしても知らないと言う。

〈新しいお友だち〉はこんな風に保育園を転々としているのかもしれない。

それは少し悲しい事かもしれないと相沢さんは思った。

今も（保育園調理師）

和田さんの勤める保育園は給食を出している。

栄養だけではなく更に美味しくなるようにと、彼女は毎日頑張っているという。

ところが、ある時期から調理室で少し変わった事が起こるようになった。

調理が終わる少し前から、足下に触れるものがあるのだ。

が、下を見ても、何も居ない。それでも、調理着越しに何か温かいものが触れている感触がある。例えるなら猫や犬が身体をすり寄せているような感じか。場所は太股から長靴の上端の少し上、膝下辺りまでの部分だ。

栄養士に検食（子供たちへ提供前に検査する事）を頼む直前までそれは続く。

他の調理師にも似た事が起こっていた。原因は分からず、皆首を捻る他なかった。

調理室での一件が始まってから三ヶ月ほど過ぎた頃だった。

仲の良い保育士が苦い顔をして、こんな話をする。

「あのお母さん、またウチに子供を預けだしたんだよね……」

あのお母さん、とは四年前に自分の子供を虐待死させた疑いのあるシングルマザーだ。当時、子供の死に関し母親とその彼氏の虐待が疑われたが、結局罪に問えなかった。その後は当然保育園に来なくなった。だが、数ヶ月前、新たに生んだ子を預けるようになったようだ。一切、悪びれる様子はなく、未だシングルであるらしい。初耳だった。

この話を聞いた直後、今度はこのシングルマザーは他の母親との間に問題を起こした。それが原因か知らないが、保育園に来なくなった。

途端に調理室に起こっていた〈見えない何か〉は消えた。

考えてみると、おかしな事が起こり出したのは、そのシングルマザーが再び子供を預けだした後から始まっている。

（まさか、その虐待死した子が、その母親について保育園に来ていたとか）

厭な予想を振り払うが、ふと保育士の言葉を思いだした。

〈親が食事を満足に与えてなくて。その子には、保育園の食事だけがまともに食べられるものだったみたい〉

だから亡くなっても調理室に――気付いた途端、和田さんはとても悲しくなった。

チョウハンジロウ（幼稚園教諭）

これはまだ、少子化が問題になる前の子供が多かった時代の話である。

花絵は地方都市で幼稚園の教諭をしていた。近隣の山は造成されて新興住宅街になっており、園児はこれからますます増える見込みで、町全体に活気があった時代だ。

園児たちは園でのびのびと育っていたが、いつしか「チョウハンジロウとブランコ漕いだ」とか「チョウハンジロウと砂場でトンネル作った」などという子が現れた。最初は、不審者が現れたのかと、警戒したのだが、そういった人物は見当たらない。名前からして「丁半」などと博打に関係するような音だったので、まともな人物とは思えなかったのだが、園児たちに「チョウハンジロウって誰？」と聞いても、要領を得る答えは返ってこなかった。

しばらくすると、チョウハンジロウの話を園児たちから聞く事はなくなり、数年。この事は記憶の片隅に追いやられていたころ、また、園児たちがチョウハンジロウの話を始めた。園では再び警戒したが、結局、不審者は見つからない。「さっきまで一緒に遊んでいた」という園児もいたが、部外者が入った形跡も出た形跡もないのだ。

これは、チョウハンジロウが出ていた頃に兄か姉が園に通っていた子が、話を蒸し返しただけかもしれない。園ではこの頃には、実害がない事から、チョウハンジロウは園児たちのイマジナリーフレンドのようなものだと位置づけていた。

今回のチョウハンジロウも、特に実害はない。

平和な日々が続いたある日、園児の健太が、親がちょっと目を離した隙にいなくなった。警察も園の先生方も、付近住民も夜遅くまで捜索した。しかし、夜を徹して探しても見つからない。ご家族は半狂乱になり、警察は翌朝から範囲を広げて捜索した。

捜索中も休園はしなかったが、外遊びはさせずに、屋内でお絵描きや粘土をして時間を過ごす事にした。しかし、花絵が誰もいないはずの園庭をふと見ると、なぜか人の気配がする。実くんが帰ってきたのかもしれないと思い、外に出ると耳元で声がした。

「裏山にいるよ」

花絵はそれがチョウハンジロウの声で、健太の事をいっているのだと直感した。

裏山はさんざん探したはずだったが、なぜか健太はここで発見され、とくに外傷もない。ずっと裏山で遊んでいたと言って、事件性はないと判断された。

相変わらずチョウハンジロウの正体は分からないが、あれからも数年おきに、子供たちの前に現れているらしい。たぶん良い妖怪のようなもの。花絵はそう解釈する事にした。

ゲンシジン（小学校教諭）

渡部さんは小学校の先生だ。

小学生の間で怪談は今も昔も人気があり、どんな学校にも〈学校の怪談〉はある。そして親しくなるとこっそりと教えてくれる事が多い。

ただどこの学校の怪談も似たり寄ったりで怖いと思った事がない。

四度目の転勤先は新興住宅地にある学校だった。

秋の日の放課後、校庭の遊具の点検をしていると二年生の男の子が近づいてくる。そして正門近くにある樫の木を指差して「あの木のところにユーレーがでるんだよ」とひそひそ声で教えてくれた。

よくある話だと思いながら怖がってみせると喜んで話を続ける。

「ゲンシジンのユーレーなんだ」

ゲンシジンって、原始人の事だろうか？　落ち武者レベルの話はよく聞くが、原始人なんて学校に限らず聞いた事がない。確認してみるとやはり原始人で間違いようだ。

ぼさぼさの髪、ぼろぼろの毛皮の服、お風呂に入る習慣がないから身体はひどく汚れ、手には木の棒を持っている原始人の男の子。

思わず「本当にいるのなら見てみたい」と言うと「ホントーだって！」と怒られた。


ある雨の日。学習発表会の準備に時間がかかり、渡部さんは学校を出るのが最後になった。仕事を終え、暗い校庭を歩いて正門に向かうと、樫の木の下に誰かがいる。

とっさに不審者を疑ったが、背が低い。あれは子どもだ。声をかけようとして近づく。

ぼさぼさの髪、ぼろぼろの服、汚れた身体、手には木の棒を持っている。

そしてゆらゆらと揺れる姿は生きている人間のものではない。

児童が教えくれた原始人、いや、原始人ではない。これはネグレクト……育児放棄状態の子どもだ。

子どもは自分が理解できる範囲で情報を処理する。だから原始人に見えたのだ。

木の棒になんの意味があるのかは分からないが、この学校に通っていた児童かもしれない。もしかすると助けを求めて立っているのか。

恐怖よりも何もできない無力さに渡部さんは泣きたくなった。

ヨシコちゃん（中学校教諭）

中学校教諭の木村さんにはイジメをしていた過去があった。

ただし人間ではない。ぬいぐるみに、だ。


彼女が中学三年生のゴールデンウイーク明け、クラスメートがゲームセンターで取った大きな熊のぬいぐるみを持ってきて、教室の後ろにあるロッカーの上に置いた。

自由な校風のせいか、ぬいぐるみはそのまま置かれ、クラスのマスコットになった。

名前はヨシコ。誰がつけたのかは覚えていない。しかし可愛がっていたのは最初のうちだけで、虐める生徒が現われた。これも誰が始めたのかは覚えていない。

そしてヨシコは呪われているから何をしてもいいのだと誰かが言い出すと、イジメはクラス全体に広がった。担任はボロボロになっていくヨシコを見ても何も言わず、木村さん達はヨシコを残したままで卒業した。

大学生になった木村さんはヨシコの事をすっかり忘れていた。思い出したのは教育実習生として母校に戻って来た時だ。親しくなった生徒がこんな話を教えてくれたのである。

「校長室の前にトロフィーとかが飾ってあるガラスケースがあるでしょ。あの中に時々、ボロボロになったぬいぐるみが座ってるんだって。名前はヨシコ。で、それを見た人は呪われてしまうから、呪いのヨシコちゃんって皆が呼んでるの。それって先生の時もいた？」

あのヨシコの事かと思ったが話が少し違う。かと言って詳しい事を聞こうとすれば、イジメの事がばれるかもしれない。彼女は「初めて聞いた」と話を切り上げた。

実習最終日。校長室で校長に挨拶を済ませて廊下に出る。日は沈みかけているが電気はまだ点いておらず、廊下は薄暗い。

木村さんはふと嫌な予感がして、ガラスケースを見ないようにと廊下に目を落とす。すると廊下に立つボロボロのヨシコが視界に入った。彼女は慌てて職員室に逃げ込んだ。

あれから五年が過ぎた。今のところ呪いはない。しかし今でも不安になるこの思いこそが呪いなのかもしれない。そしてそれは一生続くのだろう。

イジメは絶対にしてはいけないと木村さんは生徒に強く教える。

ぬいぐるみにでさえ報いを受けるのだから。

おーい！（中学校教諭）

中学校教諭の山田は、以前は都内の中学に勤めていたが、あまりの忙しさに心を病んで実家のある、ドがつく田舎の中学に赴任した。田舎の中学は人数が少なく、それだけで都内の中学とは比べ物にならないくらい雑用が少ない。そのうえ、たまたまかもしれないがモンスターペアレントはおらず、イジメもなく、久しぶりに人間として息ができると安心していた。

これまでが激務過ぎたせいか、今の中学では春、夏、冬の長期の休みに暇を持て余してしまう。そこで、この春は山菜採りをしようと思い立った。良い運動になるし、山菜は美味しいし、一石二鳥だと思ったのだ。

山には「ここから先は修行の者以外は入ったらいけない」という意味の事が書いてある石碑が建っていたが、山菜採りに夢中になっていた山田は「俺も山菜修行だし」と気軽な気持ちで石碑より先に進んでいってしまった。

しばらく夢中で山菜を採っていたが、夢中になりすぎて足を滑らせ、斜面を滑り落ちてしまった。足をくじいてしまったらしく、ゆっくりなら歩けるが、滑った斜面を登るのは難しい。道ではないが歩きやすそうなところを進んでいった。陽は暮れ、あたりは真っ暗で何も見えなくなり、これ以上は進めないのでその場で野宿をする事にした。

眠ろうとしたが、不安で不安で眠れない。このまま死んでしまうかも、などと考えていると、ガサゴソと音がした。「おーい」と声もする。助けが来たかと喜ぶが、ひとつ、おやと思う事があった。たしか、地元の人は山で人を呼ぶ時、「おーい、おーい」と二回言うんじゃなかったか。「おーい」と一回しか呼ばないものは、妖怪だとかなんとか。

それを思い出したは良いものの、いやまさか妖怪だなんて非現実的な。一刻も早く家に帰りたいのだから、声をかけよう……立ち上がって手を振ろうとした時、藪の中から光る目が見えた。これは絶対に人間ではない。これは返事をしちゃいけないヤツだ。山田はぐっと声を飲み込んで、光る目に見つからないように祈りながら小さく丸まった。

それから、ずっとうずくまっていたが、気がつくと長い夜が明けた。

明るくなったので、そろそろと移動を開始すると、今度は天狗のような人影が見えた。夜はおーいと呼ぶ化け物、朝は天狗。もうダメだ……と思ったのもつかの間、天狗は「おーい、おーい、山田先生―！」と山田の名を呼ぶ。しかも、おーいを繰り返している。もしかして助かったのか？　と思ってこちらからも「おーい、おーい」と声をかけたら、その天狗は、何の事はない遭難した山田を捜索に来た修験者だった。

鏡（高校教員）

今から四十年以上前、緒方さんは私立の女子高校に教員として採用された。

当時はまだ宿直があり、男性教員や職員は宿直室に泊まり、午後九時と午前三時に校舎を巡回する事になっていた。

初めての巡回当番の放課後、一人の生徒がこんな話を教えてくれた。

「ねえ、先生。二年六組にだけ鏡がない理由を知ってる？　昔、あのクラスで自殺した子がいたんだけど、その子が鏡に映るから外されたんだって。でも夜になると鏡が現れて、その子が映るの」

今も昔も若い教員はからかいのターゲットになりやすい。だから緒方さんはからかわれているのだと軽く受け流した。


しかし鏡の怪談はこの学校にふさわしいかもしれない。常に自分の姿を確認し、身だしなみを整えるようにとの初代校長の発案で、この学校にはたくさんの鏡がある。

トイレはもちろん、階段の踊り場には大きな姿見、教室の後ろには顔を映す鏡。そして確かに二年六組にその鏡はない。

ところが午前三時の巡回時、二年六組に鏡があった。まるで緒方さんを誘うように、月明かりに照らされてキラキラと輝いている。

そんなはずはない。きっとクラスを間違えたのに違いないと、緒方さんは鏡を覗き込んだ。暗がりの中、映っているのは彼一人である。

当たり前だと振り返ると、制服姿の生徒が席に座っているのが見えた。黒板に向かっているので顔は見えないが、鏡のようにキラキラと輝く姿は生きている人間のものではない。顔だけは見たくない。なぜか緒方さんはそう思った。するとそれを察したようにソレがゆっくりと立ち上がる。

緒方さんは教室を飛び出すと、宿直室にこもって朝を迎えた。

それからしばらくして全ての警備を専門業者に委託する事になり、宿直制度はなくなった。派遣される警備員がちょくちょく変わる事を生徒以外で話題にする者はいない。

そして今、警備は機械任せになり、緒方さんはもうじき定年を迎える。

シスターさま（教員）

永岡さんはミッションスクールの教員だ。

職場は昭和初期に建てられた洋館で、かつては女子修道院だった。

「風情ある校舎で気に入っています。同僚にはシスターも何人かいらして、彼女たちが学校内を歩いているとまるで外国の映画みたいなんですよ」

ただ、夕方から夜にかけてはその風情が祟り、まるでゴシックホラーのような趣になってしまう。

「そのせいか、生徒たちの間では怪談話が絶えません。だいたいは他愛のない法螺話《ほらばなし》ですけど、一つだけ事実かもしれないと疑っている話があるんです」

日没間近になると、どこからともなく声がする。

「もう遅いですよ、そろそろお帰りなさい」……ここで素直に「はい」と返事をすればいいが、答えず愚図愚図していると足のない修道女に追いかけられるという。

「生徒は一八時には全員校舎を出るルールが徹底されています。でも、教員はなんだかんだで残業しなくてはなりませんから、夜に校舎にいるのはだいたい我々なんですよね」

その日も永岡さんは職員室で仕事をしていた。夜は更け、九時を過ぎたあたりだったか。ふと、ドアの方から声がした。

「もうだいぶ遅いですよ」

ちらと背後を窺うと、修道女らしき白と黒のベールが見えた。

「私、てっきり同僚のシスターのどなたかが声をかけてくれたんだと思ったんです。だから、『ありがとうございます、そろそろ済みますんで』って答えたんですよね」

しかし、背後の気配はなかなか去らない。それどころか、「もう遅いのに」とブツブツと繰り返してくる。永岡さんは今度は手を止め、きちんと振り向いた。こちらを見ている修道女とはっきり目が合う。

ただ、相手は戸口ではなく、天窓からこちらを見下ろしていた。ステンドグラスの華奢な窓だ。人の体重を受け止めきれるような頑丈な造りではない。

「もちろん、すぐに職員室を飛び出しましたし、あれ以降、残業する時は一人きりにならないよう気をつけています」

向こうは心配してくれているのかもしれないが……ゴシックホラーが如き館の中で二度会いたい相手ではない。

欄干（市役所職員）

某市役所勤めの江藤さんは橋が苦手だ。すべての橋がというわけではない。擬宝珠《ぎぼし》という玉葱に似た装飾が設置された古い橋がダメなのだという。

入所してすぐ、彼は土木関係の部署に配属され、とある川周辺の調査に出かけた。うねうねと蛇行した中流域の川に架かっていたのは、明治だか大正だかに造られたという木製の橋。

その擬宝珠の一つに目鼻があった。

伏せた瞼が苦悶に歪み、引き結んだ唇がぶよぶよと腫れている。まるで、時代劇に出てくる晒し首のようだった。

同行していた先輩職員は震え上がる江藤さん見て、何か察したように語り出した。

「この川、すごく曲がりくねってるだろう？　その流れの具合でか、遺体がよくこの橋の下に流れ着くんだ」

上流で溺れた人が力尽き、このあたりで発見される。そんな事が昔から今に至るまでちょくちょく繰り返されてきたのだと先輩は語った。

まさかそんなと疑心暗鬼で調べてみると、最古は江戸末期、最新は平成の半ばにあの橋の下で遺体が見つかったという記録がいくつも出てきた。

「だから、あの気味の悪い首はあの橋以外では見る事はないとちゃんと分かってはいるんです」

それでも、江藤さんは擬宝珠の乗っている橋がどうしても苦手だ。あの日以来、橋の欄干に生首が乗っているようにしかもう見えない。

精進せよ（伝統楽器職人）

日本には伝統楽器が数多くある。揚田さんはそれに類する楽器の職人だ。

彼は十代の頃、師に弟子入りした。

その頃、高齢に差し掛かっていた師は言った。〈ただ、精進せよ〉と。

三十になる少し前、彼は師の自室に呼ばれた。

「俺はここが駄目になったから、後はお前独りで精進しろ」

腹を指差し、これまでに見た事がない表情で師が笑った事を今も覚えている。

師は楽器を作る道具に加え、作業場兼家の全てを揚田さんに譲り、引退した。

そして、隠居生活から半年を待たずに、冥土へ旅立った。

葬儀の際、喪主であった師の奥様から、温かい言葉も掛けて貰った。

ところが、旧正月を迎える少し前の晩だった。

作業室で幾つか用事を済ませようとしていた。コツリ、と物音がしたので顔を上げると、師の奥様の後ろ姿がそこにあった。分かり易い特徴があるから、見間違えではない。

受け継いだ道具類を大事に仕舞った棚の前だった。

今は遠い場所に移り住んだはずだ。いつ来たのですかと、声を掛けると振り返った。憤怒の表情だ。驚いていると、目の前から消えた。

肝を冷やしながら、とにかくと道具の棚を調べた。鑿《のみ》の一本が定位置から転がり出ている。道具の始末をきちんとしろと、常に師から言われていた。だからこんな粗末な扱いはしない。した覚えがない。首を捻りながら、元通りに戻しておいた。

その日から一週間ごとに師の奥様が出た。その後、必ず鑿が転がり出ていた。

この頃から楽器を作ると不本意な出来になるようになった。理由は分からない。

流石に何かあるのだろうと奥様へ電話を掛ける。探りを入れるが、いつもと変わらぬ明るい声で賛辞と応援の言葉を贈ってくれた。

――が、その電話からひと月を待たずに師の奥様の訃報が届いた。

葬儀に出席すると、奥様の家族が睨み付けてくる。

師の奥様は〈あの弟子が夫の道具も作業場にしていた家も盗んだ。夫の名声も奪おうとしている。夫が病気になったのはアイツのせいだ。盗人だ〉と吹聴していたらしい。

揚田さんは、今も師が遺した道具と作業場で楽器を作る。スランプは脱した。ただ、精進するのみである。時々、師の奥様らしき姿を垣間見るのだけが気掛かりであるが――。

騙されちゃったねぇ（ピアニスト）

私の友人の紗季はジャズピアニストで、ホテルのレストランで演奏をしている。ただ、それだけでは余裕のある暮らしはできないとの事で、ピアノ教室を開いていた。ひと昔前までは子供のお稽古事という印象が強かったピアノだが、今は大人の生徒さんも増えているらしい。教室は順調だったが、そのうち私は良くない相談を受けるようになった。

それは、不倫。

妻子ある大人の生徒さんと、そういう関係になってしまったというのだ。

「でも、彼は家庭がうまくいってなくて、奥さんとはすぐに別れてくれるっていうから」

紗季は不倫相手と結婚できると夢見ていた。そんなの嘘に決まっているという私の忠告は彼女の心には、まったく響かなかった。

そんなある日の事。紗季は左手の小指に痛みを覚えた。病院に行っても原因は不明。ただ、痛みは日ごとに増していき、とうとうピアノが弾けないまでになってしまった。

手指はピアニストの命だ。子供のころは、球技の時は必ず見学していたというくらい、気を遣っている。普通の人だって痛みが続けば精神的に参るものだが、紗季の場合は自分のピアニスト人生がかかっている。怪我をするたびに精神的に追い詰められていった。

「きっと何かに取り憑かれているんだ」

紗季はそう思い込んで、憑いたものを払ってもらおうと、不倫男の知り合いの伝手《つて》をたどって霊能者を紹介してもらう事になる。

霊能者は東北の山深い村に住んでいるという。車を飛ばして山深い道を行くと、その人物はいた。なんの事はない、ふつうの人の良いおばちゃんという感じだ。

そのおばちゃん霊能者は、紗季の手をさすりながら言う。

「騙されちゃったねぇ、騙されちゃったねぇ」

そして、確かに怪我は治ったし、次々と怪我をする事はなくなった。

後日、紗季は私に、変な呪文を唱える霊能者に会ったと教えてくれた。

私の見解を話そうと思ったが、なぜか言う気持ちになれない。紗季が「騙された」可能性は私が思うだけでも二つある。「そのおばさんは霊能者なんかじゃない」「不倫男に、妻と別れるからと言われている事」おばさんに手をさすってもらったら痛みが治ったのだから、前者はないだろう。つまり、後者だ。紗季が不倫の恋から目を覚まさない限り、また今回のような事はあるのかもしれない。でも、何を言っても紗季の心には響かないのだから、これは、自分が気づくしかないのだろう。

楽器に選ばれる

（ヴァイオリニスト）


紘孝は幼いころからヴァイオリンを習っており、音大を受験したいと思ったころには「もっと良い楽器が欲しい」と思うようになっていた。

しかし、中流家庭に育った孝弘の家には、マンションを買えるくらい高価なヴァイオリンは無理だ。ないものをねだっても仕方がない。楽器に高額が出せないのであれば、あとは自分の腕を磨くだけ。紘孝は日々の練習に励んだ。

そんな頑張りを見ていた先生が、紘孝に「良い話がある」と楽器購入の話を持ち掛けた。それは、イタリア製のモダン（十八世紀半ばから十九世紀につくられたもの）で、もともとはマンションが買えるくらいの値がついていたのだが、現在の所有者の方が引退するにあたり、未来ある人に格安で譲りたいとの事だった。

ただ、楽器と演奏者には相性がある。どんなに高価なものでも、しっくりこないヴァイオリンでは満足できる音は出ない。紘孝は所有者の家に伺って、試奏させてもらう事にした。結果、相性は抜群。紘孝が奏でたいと思う理想の音がそこにはあった。

紘孝は、そのヴァイオリンを手に入れ、寝食も忘れて練習した。

そして、音大に進学を果たした。

大学生になったのだ。普通なら新しい友達ができたり、新しい環境を探索したり、練習以外の事にも目が向く時期である。が、紘孝はまるで中毒のようにヴァイオリンを弾き続ける生活を送っていた。睡眠も食事も最低限。授業にも出席せず、どんどんやせ細り、そして音は冴えていった。毎日十分すぎるほど弾いているのに「まだ練習がぜんぜん足りない、足りない」と独り言を呟く様子を見て、常軌を逸していると心配した親は、ヴァイオリンの先生に相談する。このままでは、息子がどうにかなってしまうのではないかと心配になったのだ。先生は「楽器と演奏者には相性がありますからね」といって、ヴァイオリンをもとの所有者に返却する事を提案した。「人が楽器を選ぶだけでなく、楽器が人に、この水準まで上がってこいと要求する事があるんです。紘孝くんは、楽器の声に応えようとして無理をしてしまっている」

両親は紘孝からなんとかしてそのヴァイオリンを取り上げ、ようやく正常な状態に戻った。憑きものが落ちて我に返ったという感じだ。

その後、紘孝は「あの時、あのヴァイオリンを手放さなかったら、もしかしたら死んでいたかもしれない。けれども、死なずに世界的な奏者になっていたかもしれない。そんな『もしも』を考えてしまう事があるんですよ」と語ってくれた。

バンギャ（バンドマン）

「九〇年代のバンドブーム……あの時の事は、本当に良い思い出なんです」

当時バンギャだった清美は、今では夫も子供もいる普通のおばさんだ。しかし、四半世紀前は、ぴちぴちのバンギャだった。

バンギャとは、ビジュアル系バンドの追っかけをしている女の子の事である。

「当時、生活のすべてを捧げ、好きなバンドのツアーを追いかけた。ある地方の公演で、出待ちして。好きなバンドマンの××さんにプレゼントと一緒に携帯電話の番号を書いたメモを入れておいたら、その夜さっそく電話がかかってきて、そういう事になった。彼女になって嬉しかったたし当時は浮かれていたわね」

清美は昔を振り返ってそう話す。

「でもね、大好きな彼とつきあっているのに『もういいかな』って突然思ったのよ。それで、なんとなく彼のライブには行くけどホテルには行かないようにしたら、すぐに次の彼女さんができてた。でも、やっぱりその次の人も『もういいかな』っぽい感じになって、さらに次の彼女さんに代わるわけ。あ、女が変わったなっていうのは、雰囲気で分かるもんなのよ」

それだけ聞いていると、ただひたすらその彼がモテモテだったという話のような気がするのだが。

「そのバンドマンの彼は……というか、人気商売の人なら多かれ少なかれそういうところがあるのかもしれないけど、ヴァンパイアみたいなものでね、女から運気を吸い取っているの。だから、彼のバンドは大成功した。でもね『もういいかな』って加減が分からない女がたまにいて、そういう子は、吸われ尽くしてちょっと気が変になっていたわね。昔はこんな言葉なかったけど、今で言うメンヘラっていうやつになっちゃうのよ」

清美の持論では、彼女は引き際を知っていたから精神を病まずに済んだのだという。

そして、引き際を知らなかったバンギャたちは、何かに取り憑かれたようになってしまうのだという。

「吸われ始めはとても幸せ。次に、これ以上吸われたらヤバイと直感する。さらに吸われると、彼を独占したくなって暴れたりする。もっと吸われると、抜け殻になってしまう。だから、ヤバイって直感したところで引き返さなきゃダメなのよ」

何事も匙加減が重要なのだろうか。

後ろの席（コンサートホール職員）

川島さんの勤務先は、地方都市のコンサートホール。そのあたりではもっとも大きなホールで座席数は八〇〇席近い。

「演歌からオペラ、落語にロックと様々なアーティストさんたちに来ていただいてます。たいへんなエキセントリックな人もいれば、ごくごく常識的で地味な方もおられます」

そんな多種多様な出演者たちの中に、たまにこう訊ねる人がいる。

「あの人、誰なんですか？」

彼らが怪訝そうに指さす先は決まって、ホール二階席最後尾、一番左サイドの席だ。よほどの大企画でもない限りは売れ残る事が多い。

「うちのスタッフじゃないし、でもホールの職員さんって感じじゃないし」

「打ち合わせ中もリハ中も、ずっと身動きしないであそこにいる」

「ホールの関係者でないのなら追い出して欲しい」

みな決まって不愉快そうに訴えるが、職員たちの目には彼らの言う「あの人」は映っていない。

「まだ客入れもしていない時間帯に、お客がいるなんてありえません。もちろん、そう指摘されるたび一応職員が確かめますけれども、絶対に無人なんです」

見えると主張するのは決まって舞台に上がる本人だけで、マネージャーやコンサートスタッフで同じ事を言い出した者はない。

「スターにだけ見える幽霊とか妖精とかそんなのがいるんですかね？　だとしたらけっこうミーハーですよね」

たとえ満員御礼でチケットが売り切れ、観覧客がその席に座る事になっても、今のところなんの障りもないという。

その席にスターが座ったらどうなるのかと川島さんは時折思うが、もちろん誰にも勧めてみた事はない。

予言（映画館経営）

映画全盛期と言われた二十世紀前半。今では信じられないくらいにたくさんの映画館があった。

及川さんはそんな時代を知っている今では数少ない一人で、父は小さな映画館を経営していた。だが彼にはその記憶がない。父の恒雄さんは彼が幼い頃に映画館をたたんだからだ。なぜなら「あそこの映画館には〈出る〉」と噂になったからである。

その噂を恒雄さんが知ったのは最近来なくなった常連客に道で会った時、「たまには来てよ。寂しいじゃないの」と冗談めかして挨拶をした事がきっかけだった。

すると常連客は「〈出る〉映画館には行けないよ」と真顔で答える。

びっくりして「〈出る〉ってなにが？」と聞けば「気づいてなかったのか」と常連客はため息をついて教えてくれた。

「あんたのところの映画館の椅子に座るとなぜだか眠くなるんだよ。そして牛女の夢を見る。頭は牛で着ている服は黒留袖。真っ赤な目をして隣でしくしくと泣いている。そんな牛女の夢を必ず見るんだ。しかも俺だけじゃない。眠った奴は全員だ」

居眠りをする客が増えた事は気がついていた。しかし長期に亘る戦争で疲れているのだと単純に考え、それよりも足を運ばなくなった常連客が多くなった事が気になっていた。

それでも簡単には信じられない恒雄さんは知り合いに映写を任せて椅子に座ってみた。決して座り心地のいい椅子ではないのに妙な眠気が襲ってくる。思い切って寝ると確かに牛女が隣に座っていた。無言で泣き続ける牛女が。

恒雄さんが廃業を決めたその一ヶ月後に日本は負けて戦争は終った。

まもなくして牛女が終戦を予言したという噂を聞いた。もしかするとあの牛女も泣く事で予言したのではないか。

しかしどうして自分の映画館に現れ、しかも夢の中だったのかまでは見当もつかない。

そして同じ経験をした同業者の話を聞いた事もない。

キャットウォーク（劇場職員）

劇場にはキャットウォークと呼ばれる場所がある。
それは劇場の天井部分にあり、設備関係の工事や点検のために設けられているが、演出上の理由で照明やバトンを吊ったりする事もある。キャットウォークのほとんどは下が見えるようになっていて、高所恐怖症には耐えられない場所だ。

ある劇場の設備を管理している安田さんはキャットウォークが苦手だが、高所恐怖症が原因ではない。理由を聞くと「目が合うから」と言う。

舞台からキャットウォークを見ると誰かがかがみこんで下を見ている。姿ははっきりしないのに目だけは分かる。そして自分を見つめている。
また逆にキャットウォークから下を見ると誰かが上を見上げている。同じように姿ははっきりしないのに目だけは分かる。そして自分を見つめている。

しかし他の職員が同様の体験をしたという話は聞いた事がない。

ところがある日、親しくなった劇団に勤めるスタッフと飲んでいると「酔っぱらった勢いで言っちゃいますけど……」と言い出したのが全く同じ体験だった。自分も同じだと打ち明けると「やっぱり。実は俺だけじゃないんです。山本さんも矢口さんも同じ体験をしているんですよ」と言う。

その名前を聞いて安田さんは気がついた。全員の名字が〈や〉で始まっている。目の前にいるスタッフも矢沢である。そして劇場職員に〈や〉で始まる名字の者はいない。だからと言ってそれが関係あるのかどうかは分からないが、それからというもの安田さんは劇場に出入りする人間の名字を気にするようになった。

そしてもしも自分が結婚を機に相手の名字を名乗る事になったとしたら、奴は姿を消すのだろうかと安田さんは考える。

だが五十を過ぎても独身のままの彼に今のところその可能性は全くない。

大丈夫（劇作家）

川股さんは劇団に所属する劇作家で、一年に一本のペースで新作を書いている。

劇団員一同で次の公演の舞台装置を作っている時の事。劇団員の一人が「今回って実話がベースになってるんですね」と聞いてきた。そうじゃないと答えると「だって、これ」と養生シート代わりに敷いている古新聞を指差す。

指の先にある記事を読むと、学校内の事故で植物人間状態になってしまった女子高生が友人たちの祈りもむなしく三年後に亡くなったとある。確かに今回の脚本と設定が似ている。名前も同じだった。

驚いたが偶然の一致でしかない。「貰ってきた古新聞にこんな記事。なんだか自分の存在をアピールしているみたいで気味が悪い」と女子高生を演じる劇団員が言うので、「ただの偶然なんだから気にしない気にしない。大丈夫」と慰めた。

しかし次々とトラブルが起きる。

稽古中に持っていたコップが突然に割れる。小道具がいつのまにか移動してる。掌が熱いと思ったらざっくりと切れていた等々。何かが起きるたびにあの記事の事を思い出してしまい、「呪いだ」とまで言う劇団員もいた。しかし呪われる理由がない。それにそんな考え方は亡くなった女子高生に失礼ではないか。「呪いなんかじゃない。偶然が重なっただけ。大丈夫」そんな事を言って劇団員たちをなだめながら、なんとか公演を終えた。

ところが一週間後、できあがった舞台写真を見て絶句する。女子高生が、正確には女子高生役の劇団員が自分の出番ではないシーンにはっきりと映っている。しかもラストシーンだけで着る、天に召される時の衣装姿で。

「私、きっと呪われた」とその劇団員が泣き出したので「呪われるなら脚本を書いた私だから大丈夫」とまた慰めた。

するとその晩、四十度近い高熱が出た。喉の痛みなどは全くない熱だけの症状に、川股さんは「きっと病院に行っても無駄だ」と熱が下がるまで三日間耐えた。

そして今は……今のところは大丈夫である。

劇作家の孤独

（劇作家）

演劇は集団で作り上げる芸術とよく言われる。だが脚本を書き上げるとほぼ役目が終わる劇作家だけは人が集まる現場に行く事はあまりない。そしてたまに顔を出してもなんとなく居場所がない。なので「劇作家は孤独だ」と言われる事がある。

書き上げた脚本をプロデューサーに渡し、言葉のチェックをするために初日の稽古だけに立ち会った劇作家の松浦さんが次の脚本に取りかかっていると、プロデューサーから「お祓いをするので来て欲しい」との電話が入った。

縁起を担ぐ演劇界でお祓いをするのは珍しい事ではない。しかしそれは稽古前の話だ。稽古が始まってからのお祓いなんて聞いた事がない。しかも始まってから二週間が経っている。

理由を聞くと「葬式のシーンがあるからお祓いをして欲しいと役者たちが言い出したんです」と電話を切られた。

葬式のシーンがある事は最初から分かっているはずだ。なのになぜ今更?

不審に思いながら指定された時間に稽古場に行くと、立派な祭壇が作られ、神職が三人もいた。

驚いて顔見知りの役者に「何かあったの?」と聞けば「葬式のシーンがあるので」とプロデューサーと同じ事を言って言葉を濁し、それ以上は聞ける雰囲気ではない。

前列にプロデューサー、演出家、松浦さん、舞台監督、各スタッフ、後ろに役者たちが並んでお祓いが始まった。なんとなく後ろから冷たい視線を感じる。

玉串を捧げる段になると、演出家越しにプロデューサーが「最初は松浦さんから」と促してきた。「普通はプロデューサーからでしょ」と小声で言うと、「いいから最初に行ってください」と鋭い声が返ってくる。

わけが分からないままお祓いを終えると、稽古を始めるからと一人だけ外に出された。

目の前で閉められたドアを見て松浦さんは思った。「劇作家はやっぱり孤独だ」と。

重み（小説家）

作家の榊原さんが友人たちと東北へ出かけた時の事だ。

精力的に観光地を取材したあと、その日の宿へと向かった。よく言えば貫禄と風情があり、悪く言えば古く鄙《ひな》びた旅館だった。

くたくたの一行は入浴のあとすぐ床に入った。枕が変わると眠れない質《たち》の榊原さんも、その夜に限ってはすぐ寝付いてしまったという。

しかし、その安眠は深夜、ふいに破られた。

「急に両足がずしっと重くなったんですよ。大きな石か何か乗せられたみたいに。それで、飛び起きようとしました」

だが、実際は起きられなかった。

目を開く事はできたが、体が動かせなかったのである。

「金縛りかぁと簡単に思いました。子供の頃からちょくちょくあった事なので、そんなに驚きはしませんでしたね」

けれど、足の重みは気になった。ただ動けないのみならず、一分二分と過ぎるうちずっしりと重量を増していく。

それだけではない。「重み」は足から腿、腿から腹へと次第に移動していった。榊原さんは目もろくに動かせないままだ。ただ、「重み」がゆっくりと体の上を這っていくのを感じるばかり。

やがて、胸元が重くなった頃。

「……もうすぐ息が止まるよ」

しわがれた声が響いた。

それを耳にした瞬間からあとの事を榊原さんはまったく覚えていない。恐怖のあまり気を失ったのは、後にも先にもこの時だけだと語る。

写りたいの

（カメラマン）


村瀬さんはベテランのスタジオカメラマンだ。料理写真を中心に活動してきた。

「でも、風景を撮るのも好きなんですよ」

若い頃は何十キロものレンズを始終持ち歩いては野山や草花を撮影していたが、五十を越したあたりから機材の重さが堪えるようになった。なので、趣味の時は最新のスマホでパシャリとやって楽しんでいるという。

彼が取引先出版社の近くにでかけた時の事だ。近くには縁結びで有名な神社があり、いつも若い女性の行列ができている。だが、その日は朝からの雨で鳥居付近にも参道にも人影がなかった。

珍しい事もあるものだと思い、村瀬さんはスマホを境内へと向けた。

その時、背後からふいに声がした。

「一枚撮っていただけませんか？」

か細い女性の声だった。

傘をさした観光客がうまく自撮りできずに困っているのだろう。そう思い、村瀬さんは振り向いた。

しかし、そこには誰もいない。

聞き間違えかと、彼は再びスマホを覗きこむ。

すると、また、

「一枚撮っていただけませんか？」

背後からそう訊ねられた。

振り向いても、やはり誰もいない。

すっかり気味が悪くなった村瀬さんは足早にその場を離れた。結局、シャッターボタンは一度も押さなかった。そのつもりだった。

だが、帰りの電車の中でふとスマホを確かめたところ、そこには先ほどの紅い鳥居とそれに凭れた人影がぼんやりと映っていた。

「はっきりとは分からないんですが、どうも女性っぽい影でして」

あの神社に祀られているのが女神なのかどうか。村瀬さんはまだ確かめる事ができないでいるという。

ウナギの人（美術モデル）

美術モデルの仕事は全裸になる事が多い。

そのため、住谷さんが所属する事務所の派遣先に求める条件はとても厳しいものだった。

ある夏の日、住谷さんは初老の洋画家である田村さんのモデルをする事になった。

彼女にとっては初めての派遣先だが、年に一、二度のペースで一週間程度の依頼をしてくる事務所の常連だ。ただモデル仲間の評判はあまりよくない。無茶なポーズを長時間強いられるわけでもなく、休憩時間も充分にあるのに妙に疲れるという。

そして昼食は出るものの一週間ずっと鰻なので〈ウナギの人〉と陰で呼ぶ人もいた。

彼のアトリエは自然光に対するこだわりからか大きな窓があった。夏の日差しは強く、これが疲れる原因かと思いながら住谷さんはポーズを取る。それにしても疲れがひどい。そしてやたらとのどが渇き、休憩の度にいくら水を飲んでも渇きが収まらない。

三日目。のどの渇きはますますひどくなった。田村さんが昼食の準備をしにアトリエを出ると、住谷さんも気晴らしに庭に出た。強い日差しに追われるように木が生い茂る庭の奥へ奥へ進むと、池のようなものがあった。

近づいてみると、大量の黒い何かがのたうち回っている。

……鰻？　いや、違う。これは鰻じゃない。だって水のないところで鰻は生きられない。そして頭が二つも三つもない。

でも……私が食べていたのはきっとこれだ。

吐き気をこらえてアトリエに戻った住谷さんは食欲がないと昼食を断った。田村さんは「今日はここまでにしましょう」と帰らせてくれたが心配している様子は全くない。

事務所に戻ると「ギャラは一週間分払うが明日からは来なくてもいい」と連絡が入ったという。トラブルを心配する社長に見た事を話す気にはなれない彼女は「何もないです」とだけ言って事務所を出た。

そしてしばらくの間、のどの渇きに苦しんだ。

カラスが巣くう（イラストレーター）

まだ昭和の頃の話だ。イラストレーターの宮脇さんは都内某所にマンションを購入した。

「階段状に設計されたお洒落なデザイナーズマンションで、ワンフロアに二世帯分しかないのが売りでした」

エレベーターホールを挟んで左右並ぶ部屋は二つだけ。うるさい家庭音も届かなければ、煩わしいご近所つきあいもない。内向的な宮脇さんにとっては天国のような物件だった。

だが、入居して数日後の朝、「カアカア」という絶叫で叩き起こされた。見ると、彼の自宅真上のバルコニーにカラスが群がっている。

勝手に飛び回る動物相手では仕方がない、と宮脇さんはひとたび諦めた。

けれど、昼間仕事をしている間もカラスはどんどん増え、夜になっても去る気配がない。

「もう気が散って絵を描くどころじゃありません。上の住人が餌付けでもしているのかなと疑い始めました」

だが、なにせ近所つきあいが一切ないマンションだ。いきなり怒鳴り込みに行くのもはばかられる。仕方なく、管理センターに電話をかけてみたところ、

「上のフロアにはどなたもお住まいになっておりません」

「野生動物の管理についてはマンション側ではなんともいたしかねます」

と、木で鼻を括ったような答えが返ってきただけ。

深夜になり、ようやくカラスたちは退散したが、翌朝にはまたつんざくような鳴き声が響き渡った。耐えかねた彼は駅前の交番に訴えた。説明を聞いたベテランの巡査の顔色がさっと変わり、何事かの手配がすぐさまされた。

宮脇さんが家に戻るより早く制服姿の警官たちが上のフロアに辿り着いており、例のバルコニーから男性の遺体が発見されていた。このマンションの住人ではなく、屋上から飛び降りたのだが、地上に至らずバルコニーにひっかかった。

「そのせいか、即死じゃなかったらしいんですよね」

声も出せぬ瀕死のままカラスに啄《ついば》まれた遺体は、それはそれは悲惨な状態だった。

宮脇さんはすぐさまその物件を手放し、後の事は知らない。だが、今でもカラスが群れをなして飛んでいるのを見ると、身震いするという。

告白タイム1（漫画家）

漫画は今はデジタルで描くのが主流だが、まだアナログで描かれていた時代の話。

売れっ子の女性漫画家Aの仕事場は、Aも含めて五人の女所帯だった。そこに、Tという男性アシスタントが入る事になった。Tは非常に美しい線を描くので、一人だけ男性という事は気になったが、どうしても欲しいという事で仕事場に迎えいれる事になったのだ。女性アシスタントは週四日は仕事場で寝泊まりし、二日はお休みというシフトだったが、男性であるTは通いで仕事をする事になる。

アシスタントは週に二日休みがあるが、漫画家Aはアシスタントがいない間にネームや下書きなど、やっておかなければならない仕事がたくさんある。狭いマンションの一室で六人が時間に追われながら原稿に向き合い、休みはなく、ストレスは溜まりに溜まっていた。その、ストレスがTをイジる事で発散される事となった。

Tがストレスのはけ口になってしまったのは、唯一の男性だったからというだけではない。漫画家Aは最初こそTのペン線を絶賛していたのだが、徐々に嫉妬心を感じるようになっていたのだ。ペン線というのは持って生まれた手の形というか、手首の柔らかさのようなもので決まるところがある。Aがどれほど T のように線を引きたいと思っても、素人目には似た感じになっても、プロの目で見ると「ぜんぜん違う」ものにしかならない。

イジりは、みんなで T の容姿の悪口を言う。モテない童貞とあざ笑う。そんな境遇だったのに、T はアシスタントを辞める事はなく、黙って耐え続けてしまった。

そしてとうとう、締め切り後の比較的時間に余裕がある時に、A は T をファミレスに呼びつけた。T はいつもどおりの仕事場のメンバーに詰め寄られる。

「チーフアシの Y ちゃんが、あなたの事を好きだっていうの。モテないあなたにとっては、千載一遇のチャンスなんだし、男のあなたから告白をしてあげて」

恋愛相談などではない。完全に、強制的に告白をさせようとしている。Y はあからさまにニヤニヤしていた。好きというのは嘘で、罰ゲームのような事をさせようとしているのが丸分かりだ。あまりの事に、目を白黒させていると「女に恥をかかせないで！」と、女性陣全員で罵詈雑言を浴びせまくる。あまりの迫力に負けて「好きです」と言うと、A たちは「もっとロマンチックに」とさらなる要求をして、告白タイムを存分に楽しんだ後、ゲラゲラと笑いながら「録音したからねー！」と隠していたレコーダーを T に見せた。

告白タイム2

（漫画家アシスタント）


それからのTは、地獄だった。今までも地獄だったが、それ以上の地獄である。

仕事場では「修羅場のおとも」（仕事が佳境に入ってきて、時間的に精神的に切羽詰まった状態を当時の漫画業界では修羅場といった）として、Tの告白の言葉が何度も何度もレコーダーからしつこく再生された。そして、それを聞いてはゲラゲラと笑いものにする女性陣。さすがに真面目なTも仕事場にいられず、失踪してしまった。

Tがいなくなった後、それでも漫画家Aの仕事場では、しつこくTの告白の録音を聞いて笑いものにしてはストレスのはけ口にしていた。

ところが、ある時からその録音の音声に、何か雑音のようなものが入るのだ。

「これ、Tの生霊の声なんじゃない？」などと言って、Aは雑音の部分を何度も再生した。雑音は「もういやだ」と言っているように聞こえ、確かに失踪したTの声のようにも聞こえた。Aたちは怖がるというより、大喜びだった。

そして事件は起きる。

原稿が書きあがったので、枚数をそろえてチェックしようという段になって、一枚足りない事が発覚したのだ。締め切りまで時間がない事もあり、Aは発狂せんばかりに動揺して「ないわけないんだから、早く探して！」と大声をあげた。

結局、原稿が二枚ぴったりと貼りついてしまっている事が分かった。絵を傷つけないようにそっとはがすと、アップで決め顔をしている登場人物が描かれているはずが、インクが血の涙を流しているように付着している。人の気持ちを踏みにじる事に動揺はない鈍感なAたちだが、この絵の持つ異様な雰囲気には誰もがぞっとした。

なんとか修正をして原稿は間に合った。だが、チーフアシのYはTの呪いなのだろうと確信していた。Tがまだ仕事場にいたころ、女性陣が仮眠をとっている時、Tがインクの瓶に自分の指を切って血を入れているのを見た事があったのだ。その時はさすがに見間違いで、水を足しているに違いないと思い直していたのだが。同じ瓶のインクを長い間使っていると蒸発するので、たまにほんの一、二滴、水を足す事がある。そうすると書き味が違うのだ。Tの美しいペン線の秘密は、そういう繊細な努力の果てにあるのだなと感心していたのだが……。

それから、四半世紀経った今。Aたち漫画家とそのアシスタントの女性陣は、実は全員未婚である。恋愛をストレス解消のはけ口にするような人たちだから縁づかなかったのだろうか。いや、もしかするとそれこそがTの呪いなのかもしれない。

奇跡の水（漫画家アシスタント）

葛西さんは二十代の頃、漫画家のアシスタントをしていた。デジタル時代の現代とは異なり、すべての原稿が手描きだし、先生の仕事場まで赴き手伝わなければならない。

「たいていの漫画家さんは職住が同じ。そこへ何日も通ったり時には泊まり込みもするんですから、いろいろな体験をしました」

中でももっとも印象深いのは、とある女性漫画家の職場だった。

その先生は某新興宗教の熱心な信者で、葛西さんたちアシスタントにもその「奇跡の聖水」を熱心に勧めてきた。

「とにかくそのお水さえあればなんでも乗り切れるはずだからと、やたらハードスケジュールを強要してくるんですよ」

水だけ渡され、数時間しか寝るな、もっと早く手を動かせと急かされては、アシスタントたちはたまったものではない。

「でも、それすらまだマシだったんですよね」

いよいよ原稿が間に合いそうにもなくなると、あろう事か先生はペンを放り出した。そして、神棚に向かって水を被りながら祈り始めたのだ。

「担当さんが泣きながら印刷所に『もう少しだけ待ってくれ』と掛け合ってる状態なんですよ？　一分一秒でも早く描いて原稿を渡さなきゃならないのに」

しかし、先生は金切り声をあげて祈り続けるだけ。

「その後、先生は一心不乱に祈っているだけで作業の指示もせず、食事も与えてくれなくなってしまい、わたしはその仕事場を逃げ出しました」

トイレにこっそり私物を隠し、先生やチーフアシスタントが目を離した隙に、窓から脱出した。空腹と眠気でフラフラで、どこをどうやって帰ってきたのかも朧気《おぼろげ》だった。

けれど、と、葛西さんは苦笑する。

「なにが怖いって、その原稿、ちゃんと雑誌に載ってたんですよ」

片袖（クラフトアーチスト）

馬場さんはクラフトアートで身を立てている。特に和雑貨に強く、古布で作ったぬいぐるみやバッグなどで評価が高い。昔は神社仏閣に立つ蚤《のみ》の市やフリーマーケットで手頃な着物を買い求め、それを解いて材料にしていた。

「ある神社の市で綺麗な振り袖を手に入れたんですよ。淡いオレンジ色に松と菊の模様が散らされた、それはそれは豪勢な柄でした。糸が弱っていて着る事はできませんが、手芸材料としてなら十分な状態でした」

ただ、右袖にどす黒いシミがあってそこはどう工夫しても使えない。仕方なく、馬場さんは右袖だけを切って捨てた。

その夜、馬場さんは右手に違和感を覚えて目を覚ました。寝ぼけ眼《まなこ》で見ると、自分の右腕を誰かが握りしめている。

「家族の誰かが起こそうとしているんだな。とっさにそう思いました」

だが、彼女のベッドの右側は壁でその向こうは外だ。人が立てるスペースなど微塵もない。

それに気がついた馬場さんは飛び起きた。見回しても、室内には自分以外の誰もいない。家族は全員よその部屋で寝息を立てている。

しかし、自分の右腕にはくっきりと赤く、手の跡が残されていた。

「それから何回か同じような事があって、ついに夢の中に振り袖姿の女性が出てきたんです」

長いざんばらの前髪で顔は覆われ、表情はまるっきり分からない。彼女は何かぶつぶつと呟き続けてこちらへと手を伸ばしてくる。

「その手元を見て、あっとなりました。松と菊の振り袖を着てるんです。例の片袖を捨ててしまったあの着物に間違いありません」

目覚めてすぐ、馬場さんは切り分けた残りパーツを抱え、それを購入した神社へ駆け込んだ。

わけを話し念入りにお祓いをしてもらってからは、奇妙な現象は起こらなくなった。今ではもう出所のはっきりしない着物を分解する事は一切していない。

茶色いポートレート（デザイナー）

篠崎さんの祖父は日本画家だったが才能に限界を感じ、描いた絵はすべて処分して商業デザインの道に進んだという。以来、仕事以外の絵は落書き程度でも一切描く事はなかった。

祖父は彼女が中学生の時に病院で亡くなったが、病室を引き払う時に床頭台の中に祖父が描いた自画像が数枚見つかった。隠すようにしてあったのだから、誰にも見せたくなかったのに違いない。そう思った遺族は絵を棺に納め、祖父と共に火葬場で灰にした。

そんな祖父を持つ彼女がデザイナーになった時、絵心のない父は祖父の才能を受け継いだと喜んでくれたが、それは祖父同様に技術中心のデザイナーとしてやっていける程度の才能でしかない。本当は自分も絵の道に進みたかった。父自身もスポーツの道を断念した過去があるのに、ジャンルが違うと分からないものだろうか。

彼女が五十二歳の時に母が亡くなると、父も後を追うように施設で亡くなった。

母が亡くなってからはとても弱ってきたので同居を提案したが、迷惑はかけたくないと断られた。そして身の回りのものだけ持って施設に入居すると、一年もしないうちに心筋梗塞で息を引き取ったのだ。


葬式を終え、施設の部屋を片付けていた彼女が一息ついて休んでいると、職員がやってきて父の思い出を語ってくれた。亡くなる数日前から祖父が描いた自画像を時々見ていたという。

そんなはずはない。彼女が全て燃やしたという話をすると「だけど確かに見ましたよ。茶色いインクで描かれた男性の横顔です」と言う。

詳しく聞けば聞くほど祖父の絵に間違いない。理由は分からないが一枚だけこっそりと保管していたのだろうか。ならばこの部屋にあるはずだ。

それから彼女は徹底的に部屋の中を捜したが、絵はどうしても見つからなかった。

だけど……と、一人になった彼女は時々思う。自分が亡くなる前にもその絵が現れるかもしれない。きっとあれはそういう絵だ。

油断大敵（デザイナー）

佐々木さんは演劇関係の仕事をメインにしているデザイナーだ。

もとは会社勤めだったが、友人が主宰する劇団のチラシを作成するうちに、他の劇団からも次々と仕事が入るようになり、思い切って独立した。

その友人の劇団はオカルト的な作品が多いせいか、過去に怪我人が続出した事がある。以来、脚本を書き終えた後と稽古が始まる前に神社に行って、お祓いを受けているそうだ。

今、依頼されているチラシも女狐が人を惑わす話で、友人の希望で主演女優の着物姿の写真を使う事になっている。

ところがパソコンに写真を取り込もうとすると突然電源が落ちる。なんとか取り込んでも今度はフリーズして先に進めない。しかし他の仕事はきちんとできるのだから、パソコンの不調とは考えられない。

佐々木さんは友人が遊びに来た時に言っていた事をふと思い出した。

「最近は全くなにも起こらないから、お祓いはもういいかなって思っているんだよねえ」

確認すると今回は行っていないという。佐々木さんは今の状況を話し、念のために一緒にお祓いを受けた。

その効果はてきめんでパソコンはスムーズに作動するようになった。しかし写真を拡大すると、あちこちに狐のようなものが薄っすらと、しかも大量に写りこんでいる。

佐々木さんは頭を抱えた。納品まで時間がない。狐の話だからこのままでいいかとも考えたが、勝手に写りこんだ狐だ。絶対にまずい。

もしかするとお祓い前に撮ったのがいけないのだと思って再撮影する。恐る恐る拡大すると狐の姿はない。チラシはぎりぎりで完成した。

チラシの納品時、佐々木さんは何度も何度も友人にくぎを刺した。

「いい？　油断大敵って言うでしょ？　だからこれからは絶対に絶対にお祓いを済ませてね！　でなかったら仕事は引き受けないから！」と。

缶の外側（編集者）

手書き原稿が主流の時代の話である。〆切破りを繰り返す作家を出版社近くの宿に泊まらせて編集者が監視する事があった。いわゆる「缶詰」である。

当時、新人編集者だった只野さんも、担当作家がどうしても〆切通りに原稿をあげてくれず、ついに缶詰を決行する事になった。

「運の悪い事に学会か何かがあったらしくて、手頃なホテルはどこも満員だったんです」

そこで、急遽手配したのは編集部近くのビルの一室。終電に乗り遅れた社員に使わせようと社が用意した施設だが、実際そこへ泊る者はほとんどいない。「出る」と有名だったからだ。何も知らない作家は次第に集中力が高まっていったらしい。傍らの只野さんには目もくれず、せっせとペンを走らせ出した。

そして、日付が変わった頃。ふいにドアを叩く音がした。

「僕はてっきり他の編集が様子を窺いにきたのかと思って『ちゃんと書いておられますよ』ってドアを開けました。けれど、そこには誰もいません」

ついに出たかと只野さんは震え上がったが、作家の方は何も気がついていない。

「下手に先生を刺激したら本当に原稿を落とす事になりかねません。なので、予《あらかじ》め用意しておいた塩をドアの前に撒きました」

するとノックはいったん止まった。しかし、五分後、更に強くドアがバンバンと鳴らされた。今度は作家も気がついたようで、不機嫌そうに表を窺っている。恐怖と寝不足と原稿を落とさせてはならないストレスとで、只野さんは完全にパニックに陥った。

「ドアを閉めればノックされる。開ければ誰もいない。という事はずっとドアの外にいればもうノックされないはずと思いこんだんですよね」

彼は部屋を飛び出し、廊下にひとり佇んだ。しばらくは何もなかった。足が疲れてきたなと思ったのと同時に、足首にひんやりとしたものを感じた。

見ると、只野さんの足に縋りつくように、白い指が巻き付いている。小さく短いそれはまだ子供のものに見えた。悲鳴を上げて只野さんはその場で意識をつかの間手放し、作家の怒号で目を覚ました。

「『俺が頑張ってるのに、こんなところで寝てるとは何事だ』とさんざん怒られました」

本当は気絶していた事を一度も話していないまま月日は過ぎ、作家は既に鬼籍に入った。

「あちらであの時の子と会って真相をばらされてなけりゃいいんですけれども」

警告（フリーライター）

ベテランライターの玉田さんは字を書くのがとにかく苦手だ。だから、ワープロが登場した時真っ先に飛びついたという。

「ほんの数行しか展開できないモニターでも原稿用紙何枚分しか保存できないハードでも、万年筆やボールペンで原稿を手書きする苦痛を思えば天国でした」

ワープロはあっという間にパソコンに取って代わられ、しかも、持ち運べないデスクトップから手軽なノートパソコンへと進化していった。

「私の初代のノーパソはまだWindowsが出たばかりのもので、友人から譲り受けた中古品でした。最近のものに比べたらそりゃ重たかった。ですが、当時は嬉しくて嬉しくてあちこち持ち歩いては書き物をしていましたよ」

一年ほど過ぎた頃だったか。突然、その愛機がエラーのウィンドウを開くようになった。そのたびTさんは執筆を止め、ノーパソのチェックをした。しかし、特に異常は見あたらない。

「それがあまりに続いたから、かえって慣れてしまったんですよね。そのうち、エラーウィンドウが開いても無視して原稿を続けるようになってしまいました」

そうして数日後の夜、突如ノーパソの画面が真っ暗になった。慌てた玉田さんは電源キーを押したりコンセントを抜いたりと復旧を試みた。

結局、そのノーパソが息を吹き返したのは、明け方近くになってから。

かすかなWindows の起動音を、喜びのあまり半泣きで聞いた。

「大事なデータが壊れてないかと必死でチェックしていたら、ディスプレイの端っこに名称不明のフォルダを見つけました」

中にはテキストデータが一つ入っているだけ。

不審に思いながら、玉田さんがそのデータを開いてみたところ、たった一言だけ表示された。

『だから言ったのに』

以来、玉田さんはノーパソの扱いに慎重になった。Windows95 ~ 11まで様々な機種のパソコンを使用してきたが、データの保全は怠《おこた》りなくしているそうだ。

濃霧（フードライター）

瑞樹は、ワインの記事を主に書いているフードライターだ。オーストリアのワイナリーを取材した時の事。

取材に応じてくれたコルディーさんは、ワイン作りの苦労話を語ってくれる。「一九八四年に貴腐菌が大発生し、たった三日のうちに畑のブドウ全部に菌が付着、そんな予定はなかったのに、その年は全部貴腐ワインになってしまった、あれは本当にあっという間の出来事だった」など、現場の生の声を取材させてもらった。そして、その時の貴腐ワインを試飲する事もできた。

ワイン蔵を案内してもらうと、そこには一匹の猫がいた。

猫はネズミを捕るからか、ワイン蔵にいると「縁起が良い」と言われているそうだ。そして、もしも猫が「いつも座っているワイン樽」というものがあるのなら、その樽は大当たり。とても美味しく仕上がるはずだという言い伝えもある。そして、まさに猫は樽の上に乗って丸くなる。瑞樹は大喜びでその姿を写真に収めた。この写真に、縁起が良い事をキャプションで添えれば良い記事になる。アングルをかえて何枚も撮影した。

撮影に夢中になっていたが、ふと気がつくと周囲には誰もいない。これは、夢中になりすぎてコルディーさんを呆れてさせてしまったのかと思い、あわててワイン蔵を出る。

外は、ワイン蔵に入る前までは晴れていたはずなのに、とても濃い霧がかかっていて、先が見通せない。コルディーさんを探してブドウ畑のほうに行くと、ブドウはすべて貴腐菌がついてシワシワになっている。さっきまで、みずみずしい果実が成っていたのになぜ？ と、不安に思いながら、コルディーさんを探すが霧のせいなのか、自分がどこにいるのかも分からなくなってしまった。なんとか建物を見つけたと思ったら、そこは先ほど出てきたワイン蔵だった。こんな濃霧の中、フラフラ出歩いても迷うだけだと思いなおし、ワイン蔵で誰かが来るのを待とうと思い、中に入る。

そこには、さきほどいなかったコルディーさんがいて「どこに行ったかと思った。探したんだよ」と言う。瑞樹は、先に消えたのはコルディーさんなのに、と腑に落ちなかったが、追及するほどの事ではないと思って何も言わなかった。

だが、二人でワイン蔵を出ると、先ほどの霧は嘘のように晴れていた。というか、コルディーさんによると、今日は霧なんて出ていないという。でも、瑞樹の髪は濃霧のせいで湿っている。彼女は、もしかしたらあの時一瞬だけ一九八四年の世界に迷い込んでしまったのかも……と思っている。貴腐菌は濃霧と共に広がるものなのだ。

山中にて（旅行ライター）

旅行雑誌ライターの古賀さんはその日、バイクで山奥の湖畔に訪れていた。最近流行のソロキャンプの記事を書くためだった。

夕飯にはひとりバーベキューを計画していたのだが、あろう事か肉の量を間違えて購入してしまった。

「しょせん一人ですし、そのまま適当に食べてもよかったんですけれども、逆に一人だし好きに旅程を組んでもいいかなと思って。途中に見かけたコンビニまで戻る事にしたんですよ」

しかし、ゆけどもゆけどもコンビニが見あたらない。彼のバイクはそのまま山を下り麓に辿り着いてしまった。

「確かに見慣れたオレンジの看板があったはずなのに」

と首を捻りながら、彼は元きた道を戻る。すると、確かに木々の間に例の看板が見えてきた。

「なんだ、やっぱりあるじゃないか。行きは見落としたんだな」と彼はスピードをあげてそちらへ向けてバイクを走らせた。

だが、またも目当ての店には辿り着けず、いつの間にか元の湖畔へと戻ってしまった。

そんな事を二度ほど繰り返し、彼はついに諦め、わずかな肉だけのバーベキューを食べて寝た。

翌朝、出勤してきたキャンプ場の管理人に事の顛末を話すと、

「よくある事ですよ」

と、軽くあしらわれた。

「落語とかにもあるでしょう？　山の中で豪華な屋敷に出くわすって。今どきはそれがコンビニに変わっただけです」

令和ともなると、狐や狸も化かし方に工夫を凝らすらしいと古賀さんは笑った。

案内人（バスガイド）

宿泊を伴う仕事は憂鬱なんだと、バスガイド歴二十年の富山さんは零す。

「お客様と同じ旅館の格下部屋をあてがわれるならまだよくて、近くのボロ宿につっこまれる事も割とあります」

十五年ほど前、とある山奥での事だ。

富山さんは格安大型ホテルに泊まる事になった。建て増しに次ぐ建て増しで館内は迷宮のようになっており、風呂に入るにも食事をとるにも不便極まりなかった。

「何より最悪なのは電波状況です。社や家族に連絡を入れようにも携帯電話がまったくつながりません」

折り畳み携帯を片手に、富山さんはホテル内をあちらこちらをウロウロとさまよった。そうするうち、まったくひとけのない廊下へ迷い込んでしまった。

「ひどく暗くてじめじめしていて、並んでいる部屋のドアも煤けていました。もう使われていない一画に入り込んでしまったんだと思いました」

ろくな灯りもない階段を上がったり下がったり繰り返していると、向こうから見覚えのある制服姿の女性が歩いてくる。

「ジャケットのデザインで同業大手のバスガイドだと分かりました。見た目落ち着いた中年女性でしたし、きっと経験も豊富に違いないと私はその人に縋りつくように道を尋ねました」

半泣きの富山さんに、彼女はロビーへ戻る道を教えてくれた。言われたルートを足早に進んでしばらく富山さんは見覚えのある場所へと辿り着けた。

「もう携帯を使う事は諦めて、そこにあった公衆電話で会社に連絡を取る事にしました。途中、話の流れでさっき女性の事を言ったんです。そうしたら、電話相手が『その会社、もう何年も前から観光バスは運行してないしガイドも雇ってないよ』って」

後で富山さんが確かめたところ、かつてそのホテルの裏手の山で事故があり、乗客が何人かとバスガイドが亡くなっていた。

「それとあのホテル、確かに複雑な構造でしたが、閉鎖しているフロアなんて特になかったというんです」

だとすると、自分はいったいどこで誰と会っていたのか……考えるたび恐ろしくなるが、正しい道を教えてもらえただけよかったと富山さんは思うようにしている。

お祈りの効果

（バスガイド）

居酒屋で飲み会が始まって一時間半近くたった頃、バスガイドをしている小田さんが駆け込んできて一気にまくし立てた。

ごめんごめん。遅くなって。もうそろそろラストオーダー？　じゃあ、私、生二つね。大丈夫。一杯目は一気飲みだから。

それより聞いてよ！　今日は貸切の仕事だったんだけどね。宗教関係の団体さん。聞いた事もない宗教。一応、親睦旅行なんだけど、メインは神様がいる山の登山。登山って言ってもめちゃくちゃ低い山。登って下りてくるまで一時間ちょっとだもん。一緒には登らないよ。信者しか登れない山だっていうし。てか、信者以外に誰が登るかって感じの山。でも下りてきた人たちは「生まれ変わった気分です」だって。笑える。

で、その後で観光。って言ってもその山の周辺って何もないから、酒蔵に行ったり、道の駅に行ったり。あ、この道の駅は大正解だったんだけど、その話はおいといて、帰りにバスが動かなくなったのよ。エンジントラブル！　きちんと整備しろよって話。

当然、修理を呼ぼうとするでしょ。なのにその団体のリーダーみたいな人が「それには及びません。私たちで直します」って、車内で全員がお経みたいなのを唱え始めて。直るわけないからさっさと修理を呼べって運転手に言っても「お客様の希望が優先です」って。馬鹿じゃないの！

それから一時間！　一時間もお経を唱え続けて「今日は信者以外の人がいるので無理のようです」って。え？　何？　私たちが悪いって話？　そっから修理を呼んだから、こうやって大遅刻よ。もう、ほんと、最悪。

たった一つの救いは道の駅。時々、お取り寄せしてまでして食べているチーズケーキが売ってたの！　めちゃくちゃ美味いしんだって。皆の分も買ってきたから食べて食べて。こっそり食べれば大丈夫。ここの店員だってこれくらいは見逃してくれるって。

……なに、これ？　全然、味がしない。チーズの風味が抜けてるみたいなレベルじゃなくて、味が皆無。得体の知れない物体を食べてる感じ。やだ。私の舌がおかしくなった？

え？　皆もそう？　良かった。って、全然良くないわ。

これって、これって、絶対にあのお経のせいだ！　よく分かんないけど絶対にそう！

あーーーーーーー！　もう最悪!!

花渡り（客船乗務員）

土井さんは長らく大型豪華客船で乗務員を勤めていた。

「数ヶ月から半年間船に乗り、同じだけの月休むという変わった人生サイクルで生きてましたが、五十手前で体がきつくなって陸の事務仕事に転職しました」

客船のしかも長期旅行となると、自然、年輩のお客が多くなる。たいていは定年後の気楽な船旅だが、少し前まではかなり深刻な理由で乗ってくる人も多かった。

「戦没者のご遺族が南洋に献花したいとおっしゃってお乗りになるんですよね」

旅の途中、多数の日本艦が沈んだ海域へ船が差し掛かる時、今は亡き夫や親兄弟たちへ花を捧げたい。土井さんの船ではそういうニーズにも応じていた。

「もちろんツアーの内容に表だって書いたりはしませんが、どこからか噂が流れているのか、南方航路の時は割とそういうお申し出がありました」

そして、花束が海へと投げ入れられた夜、時々無人の甲板に足音が響き渡ったり、何もない波間に明かりが灯ったりしたという。

「ただ、それだけ。何も害はありません。むしろ、そういう不思議な事に出くわした時の方が海が凪いで安全な航海になりました」

きっと花を通じ見えないお客様が船にやってきて、ご遺族ごと守ってくれたに違いない。

土井さんはそう信じている。

呼び出しコール（客室乗務員）

大垣さんはかつて某航空会社の客室乗務員だった。今ではキャビンアテンダントというが「スチュワーデス」という呼称が一般的だった頃、世界中の空を飛び回っていた。その彼女が新人の頃の経験談を聞かせてくれた。

「羽田から沖縄までの便でした。最後方のお席に若い女性がぽつんといらっしゃいました。シーズンオフの空いている便だったので、おやと思ったのをよく覚えています」

座席は乗り降りがしやすい前の方や扉付近から埋まっていく。もっとも後ろに好んで座る人はあまりいない。

「シートベルトの着用サインが着いていても、その方は窓にもたれかかったままで、何もなさろうとしません。なので、こちらからシートベルトをお締めくださいと申し上げました」

その女性は何故かギョッとしたように彼女を見返した。

「その時は大人しく従ってくださいましたが、垂直飛行になってから火が着いたようにコールボタンを連打してくるんです」

やれブランケットが欲しい、やれ新聞を持ってきてと数分おきに用事を申しつけてくる。

「けど、軽食をサーブする時間になった時、先輩乗務員に言われたんです。『大垣さん、さっきからなんでやたらと後方キャビンにいくわけ？』って」

もちろんお客様のご用事でと大谷さんは答えたが、先輩は怪訝そうにあの席にはどなたもいないと言い放つ。

「当時は紙でしか搭乗客名簿がありません。わたしは慌てて全搭乗者の氏名と座席番号を照らし合わせてみました」

確かに、最後方の座席に搭乗者はいない。

とすると、さっきから自分に用事を言いつけているのはいったい誰なのか。戦慄する大垣さんの前ではまだ、乗務員呼び出しのランプが光り続けている。

幸か不幸か、当該機は乱気流に巻き込まれ、客室乗務員もすべて着席待機する事になった。ガタガタと激しく揺れる飛行機の中、大垣さんは灯ったままの最後尾の呼び出しランプから必死に目を逸らし、『早く、そしてどうか安全に那覇に着いてくれ』と祈り続けたという。

「着陸寸前ふっと呼び出しライトは消えました。すべてのお客様をお見送りしたあと確認してみたら、私が運んだ新聞やブランケットは手つかずのまま座席に残されていました」

うるさい、死ね（タクシードライバー）

タクシードライバーの高山がまだ新人ドライバーだったころの話だ。

お客さんが乗車したら、とにかく愛想良くお喋りをしなければと勢い込んで、当たり障りのないお天気の話、飼っている猫のほのぼの話、ワイドショーで取り上げられているような時事ネタなど、一生懸命お客さんに話した。

お喋りが好きで、話に乗ってくれるお客さんもいれば「ちょっと寝たいんで」と言われて、遠回しに黙れと言われたりもする。というか、そんな上品な人ばかりではなく、うるさいと怒鳴ってくるお客さんもいる。なかなかに匙加減が難しかった。

深夜、繁華街から客を乗せ、住宅地へ向かった時の事。

客は女性だった。無口で、高山が女性客に話す鉄板ネタ「かわいいウチの猫の話」も不発に終わり、次は何を話そうかと思案していると、あたりに霧が立ち込めてきた。

「霧が出てきましたねー」などと見たままの事を口に出していると、もうそろそろ家の近くなのか「右に行ってください」「左に行ってください」などと指示が入った。

女性の言う通りに運転すると五差路に出る。

そしてまた、言う通りに運転していると、また同じ五差路に出る。

「あのー、また同じ道に出ちゃいましたよ?」

料金がどんどん上がってしまうので、もったいない。客の指示だから高山のせいではないにせよ、申し訳ない気持ちになってしまう。それでも女性客は「右に」「左に」と指示を出し続け、タクシーは霧の住宅街をぐるぐる回る。

「!」

突然、高山は急ブレーキを踏んだ。五差路のところで、トラックとぶつかりそうになったのだ。深夜、しかも霧で視界が悪い。急ブレーキで済んでラッキーだった。

「申し訳ありません」と言って、後部座席を見ると、確かにさっきまでいたはずの女性客がいない。事故を起こしそうになった高山が、気が動転していて、降りた客の事を忘れてしまったのか。発進する前に、気を落ち着かせようと「びっくりした。あー、びっくりした!」と大き目の声で独り言を呟くと。

「うるさい、死ね」

女の声が耳元でした。

以来、高山は客には必要以上に話しかけないようにしている。

深夜の道（トラックドライバー）

大西さんはベテランのトラックドライバーだ。主な荷は食品で夜半から早朝にかけてレストランやスーパーマーケットなどへ運んで回る。

「基本的にルートは自分ではなく担当営業が決めます。けど、いくら効率的だと言われても絶対に通りたくない道ってのがあるんですわ」

川沿いの二車線道路で、やれ着物姿の老婆が歩いているだの、やれ血塗れの影が行く手を遮るだの不気味な噂が絶えない。

「ドライバーってのは験を担ぐタイプが多いですからね。みんなやばそうなところは近寄りたくないんです」

うまく時間をやりくりしてはその道を迂回してきたが、ある夜、大西さんはどうしてもそこを通らなくてはならなくなった。

鬼が出るか蛇が出るかと車を走らせ続けてしばらく、バックミラーにさっと何かが横切るのが見えた。大西さんはとっさにトラックを減速させミラーを凝視したが、特に何も映っていない。

念のためトラックを路肩に寄せ、あたりにも目を配った。煌々としたヘッドライトの灯りの中はなんの変哲もないアスファルトの道が映し出されるだけで、人影はまったくなかった。

ホッとして再び車をスタートさせた瞬間だった。

つけっぱなしだったラジオからザッと雑音が流れたかと思うと、

「まだだよ」

男の声が一言だけ続いた。

大西さんは震えながらしばらくその場に留まり、あたりが白々としてきた頃、再び配送へ戻った。荷物は当然ながら遅延してしまい会社には大目玉をくらったが、本当の事は今も話していない。

箱のなか

（運送業）

　昼夜忙しく荷物を運び続ける運送業の原田さんは、たとえ伝票に書かれていなくても中身がなんとなく分かるという。ただ、中には時々見た目やサイズよりも明らかに重い奇妙な荷物が紛れ込んでいるのだそうだ。

「重さの質が普通の箱とはまた違うんです。荷物を持ち上げた時、腕が下からずんと引かれるような感覚が残るというか」

　ある時、原田さんは一軒家へ「そういう荷物」を届けた事があった。サイズはさして大きくなく、伝票には『ワレモノ』とただ一言書いてあるだけだが、やはり妙に重い。受取人は至って普通の中年女性だった。

　ただ、その女性の左手背後にぴったりと老婆の顔が浮き出ている。人にしては立体感がまるでなく、まるで紙に描かれた顔のようだった。原田さんが荷を渡し、判子をもらう間中、老婆は横目でじっと中年女性をみつめていた。

「相手が判子を押した瞬間、そのお婆さんはふっと消えてしまいました。それで、わたし、てっきり何か見間違えたかなと思ったんです。でも」

ドアが閉まる瞬間、女性は重いはずの荷を右手で小脇に抱え、空いた左手を自分の肩へと向けて幾度か振った。まるで、何かを払いのけるような動きだった。

またある時、アパートの住人へと「そういう荷物」を届けた事があった。今度の受取人は若い女性で通販をよく利用するらしく、これまでも何度か原田さんとは顔を合わせる事があった。

「モデルさんみたいな可愛い人でね、『これ、とっても重いですよ』っていうわたしの忠告にも愛想良く『えー、ぜんぜんですよ』って笑ってました」

しかし、その後ろには彼女とは不釣り合いな者がいた。スーツ姿のサラリーマンがゆっくりと部屋の奥へと歩み去っていく。全体的にくすんだ色味で、明るい彼女の部屋とはひどく対照的だった。あまりの異様さに原田さんがたじろいでいると、男がふと振り向いた。顔の印象は薄く、はっきりと分からない。細い目が愉悦を滲ませ、にたぁと笑うのがかすかに感じ取れた。

ぞっとした原田さんは思わず頭を下げ、受け取り印を貰ってすぐさまその場を辞した。

「それ以降、彼女の部屋へ荷物を運ぶ事がなくなりました。以前はあんなに頻繁に届けていたのに」

一瞬死んだ

（飲食物デリバリー業）


新型コロナウィルスの影響で、生活や意識など様々な事が変化した。

その変化のひとつに、テイクアウトした飲食物を運んでもらうサービスがある。

そのサービスは、コロナの前からあったのだが、コロナで飲食が制限されてしまったために、爆発的に流行した。注文するのは、スマホのアプリ。注文を受けるほうもスマホのアプリ。配達する側もアプリを登録するだけで働ける。好きな時にアプリの情報を見て配達したいならする、しないなら流す。自由に働ける事が魅力となっている。

専門学校生の翔太は、コロナで授業はオンラインだし、外出もせず家でゴロゴロしていたので、ちょっと太ってしまった。それが気になったので、配達のバイトでもするかとアプリで登録した。

始めてみると、夏の暑い最中に高級マンションに行くと「お疲れ様」の言葉とともに冷たいジュースをもらったり、アプリ経由でチップをはずんでくれる人がいたり、配達は大変ではあるが、嬉しい事もあった。自分はこのバイトに向いていると思い、続けていたら体重も減ってスリムになってきた。

そんなある日、翔太は配達中に事故にあってしまう。トラックにぶつかり、跳ね飛ばされ、道路脇に背中から落ちた。

空が青くて綺麗だった事をはっきりと覚えている。

そして、呼吸ができない事に気づいた。でも、まぁ、なんとかなるでしょと、のんきに考えていた。その瞬間「あ、配達に行かなきゃ」と、突然思い出したのだが、身体が動かない。

美しい世界だなとぼんやりと思っていたが、ふと、視界の端に黒いモヤが見えた。

黒いモヤは近づいてくるように感じる。それからも逃げなければならないような焦燥感にかられるのだが、体は依然ピクリともしない。

こんな時には先ず、落ち着け。自分に言い聞かせていったん深呼吸をしようとした時、呼吸ができていなかった事に気づいた。なんとか息を吸う。そして吐く。

その瞬間、わーっと耳元で音が鳴った。気づいていなかったが、今まで無音だったのだ。そして、救急車の音が聞こえた。

翔太は一命をとりとめたが、あの時の事を考えると「たぶん、一瞬死んでいたんだと思う」という。生きてて良かったとも思うが、あの視界の端に映った黒いモヤは何だったのかが今でも気になるという。

鈍る（シェフ）

浜野さんは小さなイタリアンのオーナーシェフだ。気軽に立ち寄れる普段使いの店を目指して、日々精進している。食べ歩きもその努力の一つだ。同業のイタ飯は当然の事、和食や中華といろいろな店へ足を運ぶ。是非とも手本にさせてもらいたいと思う優良店がある一方、眉を顰めたくなるような店もあると浜野さんは言う。

「見た目が綺麗でもスタッフや店内に緊張感がなく、全体的にぬるいんです」

しかし、もっとよろしくないのは『鈍る』店だ。

「店内に緊張感もあるし、調理のセンスもよし。もちろん味だって満点なのに、食べたあと、舌や指先に薄皮が一枚乗ったような感じで『鈍る』んです」

そういう店はけっして長続きしない。立地がよくても、すぐに閉店してしまう。たとえば、新しくオープンした某店へ出かけた時だ。アジアンテイストにフレンチをまぶしたような洒落た店で、運ばれてきた料理も悪くなかった。

しかし、そこでも食後、浜野さんの感覚は『鈍った』。

「ああ、ここもすぐに畳んじゃうんだろうなって思いながら店を出ました。それだけならまだよかったんですけれども、しばらくしたら急に具合が悪くなってきて」

急激な眩暈を覚え、足から力が抜けた。このまま倒れては通行人の邪魔になると、這うようにして道端まで行きうずくまっていると、次第に視界が暗くなってきた。

「その端っこにふと人の爪先が見えたんですよ。レースアップのサンダルを履いた」

優しい人で声を掛けてくれるのか、それとも邪魔だとどやされるのか。浜野さんは恐る恐る視線をあげて相手を見た。しかし、そこには誰もいない。

瞬間、彼の胃の腑を吐き気が突き上げその場で激しくえづいてしまった。血のような臭いがあたりに立ちこめ、地面には濁った水のようなものが広がった。それは間違いなく自分の吐瀉物だ。なのに、料理の残滓らしきものが何ひとつない。

そのうち、ふっと眩暈が止んだ。両足に力が戻り、浜野さんは立ち上がる事ができた。その場を放っておくのは心が痛んだが、異様な成り行きに耐えきれず逃げ帰ってしまった。

「その後、例のお店は予想通りすぐ潰れました。やはり味や接客が理由ではなくて、オーナーがアジア圏で何か犯罪を起こしたせいだとか」

その噂を耳にした時、浜野さんはあの日、視界の端へと忍び寄ってきた足の事を思い出したという。爪先の出るレースアップのサンダルは日本にもあるが……あれはどこかアジアのもののようだったな、と。

絶対何か入ってる（定食屋）

由奈が昔住んでいた家の近所に、とても美味しい定食屋があった。

「あそこのお店の定食には、絶対何か入ってるよ。中毒になるような、何かが！」

あまりに美味しいので、冗談めかしてそう話していた。美味しいから当たり前なのだが、その定食屋はいつも満席だった。ただ、満席なのに疑問に思う事がひとつあった。

おかっぱ頭の女の子が、店のカウンター席の端にいつもいる。

ここの定食屋の子なのだろう。ただ、いつも混んでいるので、カウンター席ひとつでもお客さんのために空けてくれたらいいのにと思っていた。

この定食屋は一階がお店で、二階が住居になっているような昭和の造りなので、子供が店にいるのは変ではないのだが、こんなに混雑しているのに、客に対する配慮が足りなさすぎる。そう感じていた。

由奈は毎日のように定食屋に行き、中毒のように美味しい食事を堪能していた。

だが、そんな楽しい生活も終わりを告げる事になってしまう。

定食屋が火事を出して、建て替えのために一時休業する事になってしまったのだ。

その時の由奈の悲しみは大変なものだった。が、これぱかりは仕方がない。じっと我慢して待つしかなかった。

ようやく店舗の建て替えが終わり、再オープンの初日。

由奈は開店時間の前に行き、一番に並んだ。そして、開店！　注文！　実食！

「……？」

一口食べて、驚いた。美味しくない……のだ。

思い描いていた味と違うものが口の中に入って、脳が混乱する。

これは何かの間違いだ。そう思ったが、やはり美味しくない。もしかしたら、新しい厨房のコンロや道具に慣れていないせいかもしれない。

一縷《いちる》の望みをかけて何度か通ったが、味は変わらなかった。

そして気づいてしまう。あのおかっぱの女の子が店にいない事に。

由奈は意を決して「あの子はどうしたんですか？」と店の人に聞いてみたが、そんな子はもとからいないという返事。

もしかしたら、あの子は座敷童か何かで、中毒になるほど美味しいと感じていたのは、あの子のせいだったのかも？　由奈はそう考えるようになった。そして、あの女の子がどこかの定食屋の片隅にいないか、ずっと探しているのだという。

アルバイト（飲食店経営）

四十代の村上さんはいわゆる〈町中華〉の店主。家族経営でコツコツとやってきたおかげか常連客が増え、バイトを雇う事になった。

最初に採用した田中は快活で与えられた仕事はなんでもこなす高校生。それに気をよくした村上さんは彼の友人である林も採用する事にした。

ところが友人でも田中と違って仕事ができない。接客態度もひどく、客を怒らせる事も度々だった。紹介した田中も「こんな奴だったのか」とあきれてしまい、二人の仲は最悪になっていく。しかしまだ高校生だ。教え諭せばそれなりに向上すると信じて雇い続けた。それがいけなかったのかもしれない。ある日、林がわざと落とした食材を皿に戻して提供しようとするところを目撃してしまった。

「食中毒をおこしたらどうする気だ！」と村上さんが思わず怒鳴ると「今までもちょくちょくやってたんで大丈夫っす」と平然と答える。村上さんの怒りは爆発した。

翌日、林は無断欠勤をした。悪いという気持ちが彼にもまだあるのだと思ったが、次の日にしれっとした顔で現れた。その態度に村上さんが再度注意をすると、林は奇声を上げて近くにあった食器を神棚に投げつけて出て行ってしまった。

村上さんは落ちた神棚を片付けながら「彼はどうにもならない」と諦めをつけた。

それから半年。田中の様子がおかしい。心配して訳を聞くと、林の事を話し始めた。

バイトを辞めてから林の態度は学校でもどんどんと悪くなっていったという。

そして三か月ほど前の昼休み。誰にも相手されなくなった林が突然に倒れた。倒れるところを目撃した同級生によると、立とうとした林の足が不自然にぐにっと曲がった。慌てて机に手をついて体勢を立て直そうとすると、その手もぐにっと曲がった。そして机に頭をぶつけて失神。そのまま救急車で運ばれていって、以来、学校には来てないのだという。

「こんな事言ったらあれですけど、バイトを始めるまでは普通の奴だったんです」

そう言われても思い当たる節はない。神棚を壊した罰かと思ったが、それはバイトをやめる直前だ。何がきっかけかと二人で考えてみたが、分からないままだ。

ラブレターの差出人と幽霊（バーテンダー）

バーテンダーの慎二は雰囲気イケメンで仕事柄、人の話を聞くのがうまかったので、そこそこモテるほうだった。

だから、自宅マンションのポストに妙なラブレターが入るようになっても、そういう事もあるのかな、程度にしか考えておらず、特にストーカー対策の事などはかんがえもしなかった。

ラブレターは「香苗」と名乗る人物からで、封筒に切手が貼っていない。いつも可愛らしい便箋と封筒だ。どうやら直接マンションに来て、ポストに入れているようだ。内容は、最初は「あなたの事が好きです」というような慎ましやかなものだったが、だんだん「あなたのお嫁さんになりたい」「新婚旅行を兼ねて、ハワイで挙式したい」など、慎二との結婚を夢見る内容になってきた。

だが、この香苗という人物に、慎二はまったく心当たりがなかった。まず、バーの常連さんに香苗などという名前の人がいないのだ。学生時代の友人にもいない。

香苗はそのうち、手紙だけではなくピンポンを鳴らしてから手紙やプレゼントをポストに入れるようになった。「いつも見ています」とも書かれていた。最初は気にしていなかった慎二だが、だんだん追い詰められているような気分になってきた。

そのころから、枕元に髪の長い、痩せぎすの女が立つようになった。女は、慎二が眠りに入ろうとすると現れて、不気味な声で笑う。何をするでもないが、気持ち悪かった。きっと、あの香苗という女だ。慎二は確信を持った。

浅い眠りしかとれないような日が何日か続き、慎二はとうとう、やられっぱなしでいるのはおかしい、今度はこっちからやってやる、そう思った。

ポストにペットカメラをつけて監視、香苗が来たらこっちから捕まえてやろうと思ったのだ。そして待つ事数日。とうとうその時は来た。

ペットカメラに、可愛らしい花柄の封筒が映る。香苗だ！　慎二は猛ダッシュでポストに向かい、白いワンピースの人物の腕を掴む。

そこには、女装をした常連のおっさんがいた。

おっさんはくるりと慎二のほうを振り向くと、丁寧に化粧をして、妙に艶っぽくプルンとさせた唇をにこっとさせた。

「慎二さん、捕まえてくれたのね！」

おっさんは嬉しそうに叫んだ。幽霊と香苗は別人だったのだ……。

トイレが汚い（キャバ嬢）

キャバクラの女子トイレは、大抵たいそう汚いものだそうだ。

客は男しか来ないし、トイレ掃除をマメにするタイプの女の子は嬢になんかならないと相場が決まっているから、そりゃあそうである。

キャバ嬢の美咲も、トイレ掃除をする暇があるなら太客とのＬＩＮＥ交換に時間を使いたい。トイレが汚いのは十分承知していたが、異臭を放つ使用済み生理用品の山も、便器についているウンコも、すべて見なかった事にしてやりすごしていた。

フロアや男性用トイレなどは、男性従業員が掃除をしているのだが、女子トイレの事まで考えた事がなかったらしい。唯一トイレ掃除をするのは、週に一度だけお小遣い稼ぎに入る雪音だけだ。

ところが、その雪音が投資で儲けて大金を手に入れ、キャバのバイトを辞めるという。

実は彼女がトイレ掃除をしていた事は同じ時間帯にシフトに入る美咲しか知らなかったので、雪音がいなくなったらこの店がどんなに困る事になるのか、皆、あまり分かっていなかった。

結果、フロアにまで異臭が漂い、湧いたウジがトイレを使った嬢のドレスにくっついて、お客様にコンニチワ。夢を売るはずの店が機能しなくなってきた。しかし、男性従業員は女子トイレという聖域に足を踏み入れる勇気が持てず、業者に清掃代行を頼む権限のある店長は、なぜか店にいつもおらず、余計な事もできなくて八方ふさがりだった。

そんな時、雪音からLINEが入った。

「そろそろトイレが気持ち悪くなってきた頃だろうけど、そんな美咲に朗報です。トイレ掃除をすると運気があがるよ！　汚ければ汚いほど、綺麗にした時の効果は倍増」

絵文字いっぱいのメッセージを要約すると、だいたいこんな内容である。

美咲は「いやもうこんなとこ辞めるし」と思ったが、よく考えたら新しい店で一から人間関係を作っていくのは、それはそれで面倒くさい。それに、雪音は大儲けして辞めていったと聞いた。これはもしかしたら……。そう思って、気持ち悪いのを我慢して掃除をしてみると、その日、たまたま指名が連続で入り、モエを開けてもらえた。半信半疑でトイレ掃除を続けると、その月のトップに。その次の月もトップに。効果てきめんだった。

そういえば、汚いトイレを綺麗にすると効果は倍増とLINEに書いてあった。美咲はこれからは、雪音を見習ってトイレ掃除は週に一度汚しまくってからにしようと思っている、果たして、どのような効果があるのだろうか。

本当の顔（キャバクラスタッフ）

北山さんは二十代の頃、キャバクラのスタッフだった。

スタッフは固定給だが、キャストは個人の売り上げで給与が決まる。そのため、客の取り合いは日常茶飯事。新人が来るとマウントを取ってやりこめようとする。

なのでまだ二十代前半の上田が現れた時も全員で潰しにかかった。しかし彼女は次々と先輩キャストの客を奪っていく。

客を奪われたキャストは「あの整形女！」と陰口を叩く事しかできなかった。

実際、上田の顔は不自然だった。間接照明を多用している店内ではその顔は別人のように見える事がある。骨格までは整形で弄ってないのだろう。ふと現われる顔が本当の顔なのかもしれない。それは鬼のようにも見える事が時々あった。

一か月も経たないうちに上田は人気ナンバーワンまで昇りつめた。評判を聞いて他店から来る客も多い。しかしそれとは逆に店の経営が怪しくなった。常連客がなぜか減っているのである。

ある日、上田が失踪した。この業界ではけっして珍しい事ではない。

ただ失踪前日に路上で若い男と大喧嘩をしているところを他のキャストが目撃していた。

深夜の路上。上田が男と言い争っていた。内容は分からない。二人とも日本語ではない言葉だったからだ。そのうちに男が彼女の顔だけを執拗に殴り始めた。口と鼻からはありえない量の血が噴き出し、顔はどんどん変形していく。

とうとう倒れた上田をどこからか現われた男二人が運び去る。その時の彼女の顔はぐちゃぐちゃに崩れ、どこか鬼のように見えたという。

上田が失踪すると常連客たちが次々と戻ってきた。全員が彼女に乗り換えた客で、来なくなった理由のほとんどが病気や怪我だった。常連客たちは彼女がいなくなった事を知ると残念がったが、以前と同じように店に通うようになった。

連れ去られた上田の行方は未だに分からない。

手放したものの行方（シングルマザー）

友人の初音は、娘が結婚、息子が社会人となって立て続けに家を出るのにあたって、住居を小さく住み替えようと計画していた。夫とはとっくに離婚していて、子供も出て行って独り暮らしになるのに、今住んでいる４ＬＤＫのマンションは広すぎる。掃除も大変だし、使っていない部屋に管理費を払うのももったいない。

けれど、住み替えにはひとつ、大きな問題があった。

初音はいわゆる汚部屋の住人で、とにかく片付けができないタイプなのだ。

言い訳をすると、女手一つで子供二人を育てていくのに、掃除の優先順位は低く設定しないとやってられなかったのだ。元夫からの養育費は最初の三か月しか振り込まれず、その後は行方不明。初音はがむしゃらに働くしかなかった。

がんばった甲斐あって、子供は二人とも巣立つ事になり、さて、この汚部屋をどうしたものかと考えた結果「一日五つ、インターネットのフリーマーケットサービスで不要な物を売ろう」という事になった。全てを捨ててしまうのはもったいなくてできないが、売るのであれば手放せる。お金が入る喜びは、不用品を発送する面倒に勝った。それに、売る時に相手から評価されるので後回しにはできない。結果、毎日少しずつではあるが部屋は綺麗になっていった。

しかし、不用品を売り初めてから、不思議な夢を見るようになった。

娘が買ってほとんど使わなかったキーボードを売ったあとには、小さな子供がそのキーボードを叩くように鳴らしている夢を。引き出物の土鍋を売ったあとには、見知らぬ家族がその鍋を使って団らんしている風景を。

最初は気のせいかと思っていたが、品物を発送すると数日後にそれを使っている他人の事を夢に見るのだ。

そういえば「サイコメトリー」という言葉がある事を思い出す。これは、物の記憶を読み取る超能力の事で、SF用語だ。初音は自分が売ったものの記憶を夢に見ているのかもしれない。あの夢が本当の出来事であるなら、自分の不用品が子供を喜ばせたり、一家団欒に一役買っているのかと思うと、非常に嬉しい。非科学的だが、一連の夢はサイコメトリー能力である事にしようと初音は決めた。

そして、さきほどうたたねをしている時に見た夢がある。

女性がめった刺しにされて血まみれになっている。犯人の手にあるのは、初音が売った包丁だった。

獣の檻

（電気メーター検針員）

日本がすごいと思うのはどんなに山奥でもほとんどの場所に電気が通っている事だ。と、電気メーターの検針をしている吉川さんは思う。

何故なら担当地域の〈ある家〉がとても山深いところあるからだ。しかも道が狭すぎて車では行けないし、悪路すぎて原付バイクでも怖い。結局、近くの集落に車を置いて、一時間もかけて徒歩で行くしかない。

その家はテニスコート半面ほどの古い平屋で、三年以上も通っているが住人と会った事はない。中からは獣の臭いがするので犬か猫を飼っているのかもしれないが、鳴き声を聞いた事は一度もなかった。

よく晴れた夏の日の午後。検針に行くと玄関ドアが少しだけ開いていた。どんな人が住んでいるのだろうという好奇心から「こんにちは」と声をかけてみるが返事はない。留守かと思いながら、ドアの隙間からこっそりと中を見て息を飲んだ。

たくさんの犬、犬、犬。

襖などは全て取り外され、家具も全くないので家屋全体が大きな檻のようだ。これほどの犬がいても糞尿の臭いがさほどないので、世話はきちんと行っているのかもしれないが、ほとんどがガリガリに痩せている。そして声帯を除去されているのか、吠えているしぐさにも拘らず鳴き声はしない。


あまりにも異様な情景に目が離せない。

よく見れば中央にボロボロの作業着姿の男が横たわり、あちこちには喰いちぎられた肉片のようなものが散乱している。共喰いなのか、もっと別の物を喰っているのか。もしかすると男は犬に襲われたのかもしれない。

狼狽《うろた》えていると男がゆっくりと起き上がり、ふらふらとこちらに向かって来た。視点が定まらない目と半開きの口。吉川さんは走って逃げた。


翌月、家を訪れると、また玄関ドアが少しだけ開いていた。獣臭が前よりも強くなった気がする。あの男が出てくる事を警戒しながら大急ぎで検針し、急いで家を後にする。

もう何も見たくないし考えたくもない。それからは黙々と検針するのみである。

人生のサポート（保険外交員）

達夫は保険外交員だ。個人で契約していただいているお客様からのご紹介で、初めてのお宅を訪問した時の事。

そこは首都圏の住宅街で、達夫にとってはまったく土地勘がないので、スマホのアプリを頼りに、徒歩で向かう事にした。

ちょっとくらい迷っても良いように、約束の時間よりだいぶ早めに到着できるように時間設定をしていたのだが、スマホアプリで出てくる徒歩ルートが、マンションの棟と棟の間の私道のような細い道をサジェストしてくる。本当にこの道を通って良いものか、疑問に思いながらも、スマホを信じて進んでいく。

すると、普通の住宅街の中に突然、昭和の香りのする味わい深い建物が現れた。といっても、洒落た古民家という風情ではなく、どう見ても「あばら家」または「廃墟」と言っても良い。

スマホのアプリはこの家を示しているが、正直、訪問するのをためらってしまうような佇まいだ。この家の主を紹介してくださったお客様は大口の契約者で、その伝手なので裕福なお宅だと思っていたのだが。もしかしたら、家にお金をかけない吝嗇家《りんしょくか》なのかもしれない。それにしても、ひどい家だ。

約束の時間よりはだいぶ早かったので、達夫はそのあばら家の中を割れた窓ガラスからちょっと覗いて様子を窺う事にした。

「ひっ！」

達夫は男らしくない悲鳴を出しそうになって、飲み込んだ。

家の中には、首つりと思われる死体がぶら下がっている。恐ろしくなり夢中で逃げた。

無我夢中で走って駅前の人通りの多い場所まで来ると、ようやく気持ちが落ち着いてきて、警察に連絡しないと、という事に気づく。駅前には交番があったので、駆け込んだ。

そして、お巡りさんと一緒にその家に行こうとしたのだが。

スマホアプリの通りに道を行くと、そこにあばら家はなく、洒落た一戸建てがあった。

達夫は平謝りに謝り倒し、自分の勘違いだった事を告げる。あれは、夢か何かだったのだろうか。ただ、何かの予兆なのかもしれないと思い、そのお宅には生命保険ではなく、疾病に備える保険をお勧めした。生命保険に入った後、首をつられてはかなわない。達夫は、お客様の人生のサポートをする事にやりがいを感じている。あのあばら家が何だったのかは分からないが、お客様と長いお付き合いになる事を心の底から願った。

電話の相手（コールセンター）

関さんは、とある金融系コールセンターで働いている。借金や債務超過などヘビーな相談内容が多く、通話は常に殺伐としている。

「変わったお客さまからお問い合わせは日常茶飯事です。一昔前には『殺してやる』と怒鳴り散らされる事もよくありました」

そんな接客猛者である関さんが、今でも忘れられない電話があるという。

「最初はしばらく無言でした。で、こちらがマニュアル通り『ご応答がないのでお切りしますね』と言った瞬間、ぼそっと一言だけ話すんです」

低い、陰鬱な壮年男性の声で、

「……どうしてくれるんですか」

と、これだけ。

正直、ただの悪戯電話かと思ったが、その妙な電話は次の日もそのまた次の日もかかってきた。しかも、時間は常に終業間際の一九時五十分前後と決まっている。

「あまりに連日連夜ですから、私以外のオペレーターも頻繁にその電話に出くわすようになりました。で、上司の元にもついに報告が行きまして」

上司は次にその電話が切られた時は『念のためコールバックするように』と指示してきた。コールバック、つまり、かかってきた番号へこちらからかけ直せという事だ。

翌日、同じ時間に例の電話がかかってきた。いつも通りのやりとりのあと、通話が切れる。その瞬間、関さんは「発信履歴」のボタンを押した。どうせ誰も出ないだろうと高をくくっていたのだが、ワンコールの後、すぐに声が響いた。

『この電話番号は現在使われておりません。番号をお確かめの上おかけ直しください』

「驚いて上司にすぐ報告しました。それで、終業後さっきの通話記録を聞いてみる事になったんです」

すると、関さんがコールバックした直前の電話の記録もその前日、その前々日の電話も男の声は録音されていなかった。オペレーターが一人で話し続けて、途中、ザッザッという雑音が混じるだけ。

「それを境に、その電話はパタッと来なくなりました。罵倒する客や怒鳴る客などならば怯む事もないんですが、結局、この人、我々相手に一言も喋らなかったわけですから忘れられるはずもありませんよ」

影の始末（スマホ修理店）

米倉さんはスマホの修理店に勤めて三年目になる。ブース一つの小さな店舗に一人で詰め、画面割れのiPhoneやAndroidスマホ、携帯ゲーム機などの修理を引き受けている。

「パーツの揃えられるものに限りますけども、メーカー問わずなんでも直してます」

ただ、困るのは、修理品の中に時々『生きていないもの』が憑いてくる事だ。

「人影が出てくるんですよね。ぱっと見は普通の人間なんですが、よく見ると頭の頂点とか手足の先端がうっすらしてて、『あ、これ生きてない人だな』って分かります」

影は狭い店舗内を歩き回ったり、何もせず佇んだりとその都度違う。初めは米倉さんも怖がっていたが、修理品を持ち主に返せば消える事が分かってからは、なるべく無視するようにしている。

ある日、ホスト風の男性がiPhoneを持ち込んできた。彼が店を出るとすぐに、若い女性の影がうろつきだした。若いが、ひどく目が暗く全体的に陰鬱な印象の女だった。

「いつもなら無視しますけど、その時ちょっと苛ついていたんです。だからつい『消えろ、あっちいけ』と怒鳴ってしまった」

翌日、修理品の iPhone をホスト風の持ち主に返してすぐの事だった。実家から、祖母が自宅のドアノブで首を吊ったという報せが届いた。

「僕も慌てて祖母が担ぎこまれた病院へ向かいましたが、結局、意識がまったく戻らないまま祖母は帰らぬ人となりました。遺書はなく原因は不明です」

同居していた母が言うには、亡くなる直前、部屋の中から若い女性と会話してるのが聞こえた。いったいいつの間に来客があったんだろうと思いつつ、しばらく放っておいた。

「数時間して祖母に用事ができた母は、部屋のドアをノックをした。返事がないからと、強引にドアを開けると、そこには変わり果てた祖母の遺体があったそうでして……」

因果関係があるのかどうかは分からない。だが、米倉さんは『祖母が死の直前に若い女性と話していた』というのが気になって仕方がないのだという。

今も相変わらず、修理品に憑いてくる者が彼の店を徘徊する。けれど、あれ以降、米倉さんはけっして暴言は吐かないよう心がけている。

ダブルスラッシュ（プログラマー）

これは、ゲーム（電源あり）業界がまだ黎明期で、ソシャゲなど影も形もなかった時代の出来事である。

「仕様変更」という言葉をご存知だろうか。

最初に「こうつくっておいてね」と言われていた事をやったのに「やっぱやめ。こっちにして」と変えられてれてしまう事だ。ゲーム制作の現場では、そういう事がたくさんある。

「やっぱやめ」を何度もやられると、変更させられるほうはたまったものではない。

とくにプログラムを変更させられると、それがバグを生み出す原因になったりもするし、メンタルにも来る。「賽の河原の石積み」のようなものだ。これは、一つ積んでは父のため、二つ積んでは母のため……といって、石に擦れた手足で血まみれになりながら積んでいくのだが、鬼に崩されてしまう。そしてまた積みなおすが、崩されてしまい、それを延々と続けるという話である。

比喩でなく、そんな地獄のような仕事をさせられているプログラマがいた。変更を命じるほうのプランナーは「今まで見た事もないような新しいものを作るんだから、試行錯誤はあたりまえだ」といって、やり方を変えなかった。

プログラマはメンタルを病んで、自殺してしまった。

案件が完成しないままの自死だったので、その仕事は別の人が引き継ぐ事になった。後任がそのプログラムソースを開けてみると、非常に不愉快な気持ちになる事が書かれていたという。

不愉快なプログラムというのはどういう意味なのかというと、実は、コードの後にダブルスラッシュをつけると、プログラムに反映されない文字列としてコメントが書けるようになるのだが、そこには「××死ね××死ね××死ね××死ね」と、プランナーへの呪詛の言葉がびっしりと書かれていたのだ。

その事をプランナー本人に報告すると、プランナーは「実は前任のプログラマの葬式の後から、車に轢かれそうになったり、樹木を伐採している横を通り過ぎようとしたら、上から切った枝が落ちてきて怪我をしたり……」と、不運続きだったのだという。

怖くなった彼は、その呪いの言葉を消去し、お祓いに行き、そして、今まで気ままにやってきた仕様変更を最小限に抑えるよう努力した。そのおかげなのだろうか。彼は今でも元気にゲームを作っている。

立ちはだかるもの（広告代理店）

広告代理店と一口に言っても、さまざまな仕事がある。その道二十年の岩代さんは言う。

「オリンピックの仕切りだ、テレビのＣＭだとかになるとそりゃ華やかですけれども、うちは地方ラジオ局のＣＭやスーパーのパンフレットが主な収入源です」

クライアントは様々あるが、地方で一旗あげた中小企業というのがもっとも多い。

「そういう会社のオーナーさんはね、割と変わった人が多いです。だからたいていの事には驚かないんですけども、とある清掃業の会社に行った時は仰天しました」

駐車場の果てに巨大な壁がある。

社屋の塀とはまったく無関係無連続の場所に、突然生えてきたみたいなコンクリ壁がどどんと広がっているのだ。

あんな位置に壁があっては車の出し入れには不便だろうに、どうしてここに壁が？　上司と岩代さんが首を捻っていると、

「弊社の社長がたいへん風水に凝ってましてて。あの位置に壁がないとよくないものが入ってくると言ってわざわざ建てたんです」

取引相手の社員が苦笑して、そう説明してくれた。上司は一緒になって笑っていたが、いささか霊感のある岩代さんは心の中でその社長の主張に賛同した。

試しに覗いた壁の向こう側、びっしりと半透明の人影が蠢いていたのだ。まるで、どうにかしてその会社へ入り込もうとしているかのように。

一反木綿

（出張中の会社員）

出張で大阪千日前のホテルに泊まった時の事だ。

夜、明かりを消して寝ようと思ったらバシバシとうるさい音がする。ここは狭いビジネスホテルだが、一応、電気ポットとドライヤーが備え付けてあった。もしも電化製品に何かの不具合が起きていて、漏電して発火なんて事になったら大変だ。私は確認した。

いったい何の音なのか。

周囲を見回して、異常があるのならすぐに見つかるはず。

狭い部屋にあるものは、さっきまで私がもぐりこんでいたベッド。ユニットバスに通じるドアと、外の廊下に通じるドア。ベッドにもドアにも異常はない。

そして、カーテンのかかった窓。

私は窓にそっと近づいて、勢いよくカーテンを開けた。外を見ると、そこにはシーツが垂れ下がっている。

なんじゃこりゃ？　と思ったが、どうもさっきからバシバシ言っているのは、外に垂れ下がっているこのシーツが窓に当たっている音のようだった。

これなら「漏電して発火」のように困った事はおきないだろう。私は安心して眠りについた。

ところが翌朝。

チェックアウトの時、お財布につけていた八方除けのお守りが、バキバキに割れていた。これは、旅行の時などの移動の際の不吉を払うためのお守りだ。

よくよく考えてみたら、私が泊まったのはビジネスホテルの九階。そんなところでシーツを干す人はいない。もしかして、あれは妖怪一反木綿？　そして、八方除けのお守りは、良い仕事をして砕け散った？

モヤモヤした気持ちを引きずりつつ、仕事先の地元の人に、昨晩、千日前のビジネスホテルに泊まったという話をすると、何もなかったかと心配されてしまった。

後から知ったのだが、千日前は有名な心霊スポットで、昭和四十七年に死者一一八名・重軽傷者七八名を出す、日本のビル火災史上最悪のデパート火災があった場所なのだそうだ。

私が見たシーツが何なのかは分からないが、やはり、なにがしかの怪奇現象だったに違いないと思っている。

背後の影（食品会社員）

コロナ禍が全国を覆い始めた頃の話。

食品会社勤めの竹井さんのオフィスでは、顧客情報管理の都合もあり、なかなかテレワークへ移行できなかった。

当面の対策は、換気を強化する事と、それぞれのデスクをアクリル版で仕切る事程度。こんな事で本当に大丈夫なのかと社員たちからは非難囂々だったが、竹井さん自身は至ってのんきに、金魚やハムスターにでもなった気分だなと、デスク前の透明な板とそこに映る自分の影を眺めていた。

その数日後の事だった。

竹井さんが仕事の手をふと止めて顔を上げると、アクリル版の端に自分以外の影が映っている。

同僚だろうか。そう思って振り返ってみても、そこには誰もいない。自分以外の社員たちは全員それぞれのデスクに着いて黙々と働いている。

首を捻りながら、竹井さんはアクリル版へと視線を向ける。依然、そこにはもう一人の人影が映っていた。

女性か男性ははっきりしない。ただ、髪の長い人物が深くうなだれている。

竹井さんは何度も瞬きしたり目をこすったりしてアクリル版と自分の背後とを繰り返し確かめた。

挙げ句、「なあ、これ見えるか?」と恐る恐る同僚に訊ねてもみたが、きょとんとされるばかりだったという。

自分の目か神経かどっちかが参ってしまったのだろうか、と、竹井さんが本格的に怯え始めた頃、彼の会社はテレワークへ移行した。

以来、竹井さんはその席に座っていない。会社が「リモートワークが続くのならば、こんな広さはもう必要ない」と件のオフィスを引っ越してしまったからだ。

自分のデスクから私物を引き上げる時、例のアクリル版はもう外されていた。もしも取り付けられていたとしても、それをまじまじと見る勇気は自分にはなかったはず。そう、彼は思い返している。

水の行方

（飲料卸会社勤務）

阿部さんは二十代半ばの頃、飲料の卸会社に勤めていた。

彼の他は共に四十代の社長と部長がいるだけの小さな会社だったが仕事量は多く、目が回るほどの忙しさ。なのに社長と部長に疲れる様子は全くない。それどころか二人とも彼よりも早く出勤し、退社する時も残って仕事をしている。


入社して半年あまり。疲れ果てた阿部さんが二人に元気の秘訣を尋ねると、社長が冷蔵庫からラベルのないペットボトルを取り出した。お得意様にだけ販売している水で、飲めば元気になれると言う。

勧められて飲んでみたが普通の水としか思えない。それを特別な水だと言う二人に宗教じみたものを感じた彼は次に勧められてもやんわりと断った。

それからしばらくして阿部さんの大腸にポリープが見つかり、一週間後に検査入院をする事になった。悪性の可能性がかなり高いという。

社長にその旨を伝えると「これを飲めば大丈夫」とまた水を勧めてくる。その言葉を信じたわけではないが、ダメでもともとだ。言われたとおりに飲み続けて入院すると、ポリープがすっかり無くなっていた。

嬉しいというよりも怖くなり、会社を辞める事にした。

五年後。阿部さんの胃に悪性の腫瘍が見つかった。

悩んだ末に会社に電話をすると社長が出た。非礼を詫びて水が欲しいと伝えると「いつでも取りにおいで」と言う。

しかし訪ねて行くと会社のあった場所が空き地になっている。引っ越したのかと聞けば「していないよ」との事。しかし見つからない。どうしても見つからない。再び場所を訊ねる電話をするとワンコール後に切れ、それ以降はまったくつながらなくなった。

胃の大部分を取ってやせ細った阿部さんは時々考える。

あの二人は……あの水はどこに行ったのだろうと。

或るビル　階段

（事務職員）


三十代後半の千葉さんは社長を含めて五人の小さな卸会社の事務員だ。

彼女以外は外回りがメインの仕事なので、就業時間のほとんどを一人で過ごす事が多い。

会社から車で五分の銀行近くに、三階建ての荒れ果てたビルがある。

道路に面した窓からは什器と書類が散乱しているのが見え、どう考えても〈訳あり物件〉だが詳しい事は分からない。

ところがある日、そのビルを社長が買うと言い出した。賃貸ではなく自社ビルを持つのが夢だったとはいえ、あんなビルを買うのは止めた方がいい。そう止めても仲介する不動産会社がリフォームするからと全く意に介さない。

確かに外見は立派になった。

一階は倉庫と事務所として使い、二階の二部屋のうち一つは学習塾に貸し出し、もう一つは事務備品とビルに残っていた什器を入れる事にした。

三階は前オーナーの居住スペースだったが、リフォームするには金がかかり過ぎるという理由でそのままになっている。

その居住スペースはとても奇妙な造りだった。三階入り口のドアを開けると、更に引き戸の和風玄関が現れる。中には畳敷きの和室が三つ、タイル敷きのトイレと風呂場、台所のコンロはマッチで点火するタイプで、まるで古い映画のセットのようだ。

住みたい奴がいたら無料で貸すと社長は言うが、手を挙げる社員はいない。欲しい食器や家具があったら持って行けとも言われたが、そんな気にもなれない。


引っ越して一週間目。千葉さんが一人で事務所にいると、階段を下りてくる足音が聞こえきた。パターン、パターンとスリッパを履いているようなゆっくりとした足音。

上には誰もいないはずだ。学習塾の入居は来月からだし、訪問者を知らせる正面玄関のチャイムは鳴らなかった。

足音は二階の踊り場付近でぴたりと止んだ。様子を見に行く事がどうしてもできない。

しばらくして社長が帰ってきたので行ってもらうと誰もいないという。

もしかすると三階に〈戻った〉のかもしれない。

ふと思いついた〈戻る〉という考えに彼女はぞっとした。

或るビル　倉庫（事務職員）

千葉さんの会社が引っ越して最初の夏。金曜日に近くで花火大会があった。二階にある塾が休みにするような大きなものだ。

社長は三階の窓から皆で見物する事を提案したが、全員が用事があると断った。

その頃には誰もが階段を下りてくる足音を聞いていて「何かいる」と確信していたからだ。もちろん社長だって聞いているはずである。

なのに社長は自分一人でも花火を見ると言い張り、誰が止めても譲らない。何を言っても無駄だと諦めた千葉さん達は社長を残してビルを出た。

月曜日。出社した千葉さんが二階にコピー用紙の箱を取りに行くと、中にあるはずの什器が減っている。社長に聞くと「学習塾の生徒がいたずらで三階に出入りするから、階段に什器を積み上げて封鎖した」と言う。しかし三階の扉には鍵がかかっている。出入りできるはずがない。

見に行くと三階に通じる階段は什器が無造作に積まれてバリケードのようになっていた。

よほどの理由がないとここまでする必要はない。

ただどんな理由であれ階段は封鎖されたのだ。足音は聞こえなくなるかもしれない。


だがそんな期待は早々に打ち砕かれた。

今度は倉庫から足音が聞こえてくるようになったのである。


一階は倉庫にも入り口があり、納品仕事が多い社員は主にその入り口を使っている。正面玄関を使うのは出退勤の時だけだ。だから倉庫の中を歩き回る足音を聞いて、いつものように窓から外を確認した。しかし誰の車もない。という事は誰が歩き回っているのか？

怖くなった千葉さんは倉庫と事務所をつなぐドアに鍵をかけ、本当に誰かが帰ってくるのを待ち続けた。


秋が近づいたある日、警備セキュリティを導入すると社長が言った。

意味がない……と千葉さんは思った。侵入してくるものは外からではないのだから。

或るビル　三階

（事務職員）


冬のある日、非常ベルを新しくする事になった。

千葉さんは知らなかったが、彼女が退勤してから非常ベルの誤作動が何回かあり、警備会社に相談すると経年劣化が原因だと言われたそうだ。

しかし設置までまだ間がある。もしも千葉さんが一人でいる時に非常ベルがなったら、解除ボタンを押して欲しいと社長に頼まれた。

ボタンを押すくらいならどうって事はない。しかしその場所を聞いて千葉さんは青くなった。それは三階にあるというのだ。

場所を教えるからと社長に言われ、憂鬱な気持ちで三階に向かうと、積み上がっていた什器はすっかり無くなっている。

解除ボタンは玄関を開けて、靴箱の上の壁にぽつんとあった。千葉さんは赤いボタンを見て、これを押す日が来ませんようにとただただ祈る。

しかしその四日後、一人でいる時に非常ベルが鳴った。

あまりの音量に怖さよりも早く止めなきゃという気持ちが勝ち、慌てて三階に駆け上がって解除ボタンを押す。

ぴたりと音が止んだ。ホッとして息を整えて、ふと玄関の向こうを見る。

……襖が開いていた。部屋の中央には赤い座布団が一枚。あれはたぶん客用の座布団だ。

部屋から目をそらすと今度はお札が見えた。解除ボタンがある反対側の壁に大量のお札が貼ってある。四日前には絶対になかった。あったら気がつかないはずがない。

千葉さんは階段を駆け下り、外に出た。中にいる気にはとてもなれない。幸いもう少しで学習塾の先生たちが来る時間だ。その時、一緒に中に入ろう。

……学習塾？　そういえば生徒が入らないように三階の鍵はいつでもかけてある。なのにさっきは開いていた。まるで私を待っていたかのように。

考えすぎだ。単に誰かがかけ忘れたのだろう。きっとそうだ。そう思いたい。

或るビル　事務所

（事務職員）

千葉さんはそろそろ限界だった。

仕事を辞めたいと何度も思ったが、生活の事を考えるとなかなか実行に移せない。

それにまだ希望があった。事務所の中から足音が聞こえた事がない。理由は分からないがきっと事務所だけは大丈夫。就業時間のほとんどを事務所で過ごす彼女にとって、それは大きな安心材料だった。

ある朝、会社の電話を取ると「千葉さん？　千葉さんだよね」と得意先の事務員の怯えた声が聞えてきた。

昨日の二十二時過ぎ、朝イチで欲しい商品を思い出し、ダメもとで電話をしてみるとすぐに人が出たという。しかし聞えてきた声はくぐもっていて、何を言っているのか全く分からない。怖くなって電話を切り、番号を確認すると間違いはない。その証拠にリダイヤルした電話はきちんとつながっている。

注文を受け、電話を切った。念のため、向かいにいた社員に二十二時頃まで残っていた人はいなかったかと聞いてみる。すると「そんな時間にいる奴はいないよ。こんなところに」と嫌そうな顔をされた。

こんなところ、か。

それから約一週間後、「昨日は電話に出られずに申し訳ありませんでした。体調が悪くて寝てたんです」と知らない男から電話があった。男は個人の運転代行業者で、朝、着信に気がついて折り返し電話をしたという。「会社だったんですね。個人宅だと思っていました。午前二時の着信でしたから」

午前二時。そんな時間に電話をかける人がいるはずがない。だってこんなところ、だ。

たぶん……もう事務所だって安全ではないのだ。

その晩、千葉さんの携帯電話が鳴った。携帯電話を見ると午前一時。会社からだ。

彼女は会社を辞める事にした。

砂の車（中古車販売業）

東日本大震災ではたくさんの車が津波で流された。

駐車場にあった車、道路に乗り捨てられた車、そして人が乗ったままの車。

地方都市では車は必需品だ。だから車を失った人々はどんな車でも購入した。

沿岸部から少し離れた場所で中古車販売店を経営していた高橋さんは困っている人の役に立ちたいと安価で販売する事を決めた。

そのせいか仕入れが追いつかないのではないかと不安になるほど、車は片っ端から売れていく。

ある時、販売した車にクレームが入った。あちこちから砂が出てくるというのだ。

謝罪して車を引き取り点検してみたが異常はない。そう説明して納車をすると、また同じクレームが入る。

「津波で流されたヤツを売ったんだろう！」とまで言われたが、高齢を理由に手放された車だ。たとえ被災した車だとしてもメンテナンスに金がかかって割に合わない。しかし砂が出てくるのは事実らしいので、返金して引き取る事にした。

そしてもう一度点検したが、やはり異常がない。倉庫に数日しまって様子を見たが、砂は出てこない。

買主の保管先に問題があったのかもしれないと思い、再び店頭に並べると、翌日には買い手がついた。しかし同じようなクレームが入り、また引き取る事になった。

とりあえず倉庫にしまった車から砂が出てくる事はなかったが、運転席に座っている人影を時々見た。

この車はすでに誰かの持ち物で、売るべきではなかったのかもしれない。

高橋さんはお祓いをしてから廃車にする事に決めた。

ホットフラッシュ（配置販売業）

江戸時代から続く商売の一つに「置き薬」がある。配置販売業の許可を得た販売業者や配置員が薬を預けた家庭を定期的に訪問し、服用した分だけの代金を集めていくシステムだ。

北村さんは男性が多い配置員には珍しい四十代の女性で、引退した配置員の仕事を引き継ぐ形で採用になった。

置き薬の面白いところは使う薬で家族構成や生活習慣がなんとなく分かる事だ。

専業主婦の洋子さんがいる鈴木家は消毒用エタノールの消費が激しい。

「汚れを見つけるとエタノールで拭いてしまうの」と言うから、置き薬も含めてかなりの量を使っているのだろう。現に家の中はどこもピカピカだった。

歳が近いせいか一年も経つ頃には雑談もする仲になった。今は夫と気楽な二人暮らしだが、少し前は姑の介護で大変だったそうだ。亡くなった時は正直ほっとしたと言う。

そんな事をさらりと話す洋子さんを北村さんは好ましく思う。しかし鈴木家の訪問は苦手だった。なぜなら玄関チャイムを押した瞬間、体がカッと熱くなり、汗が噴き出して止まらなくなるからだ。

最初は更年期障害がとうとう来たのだと思った。しかし症状は鈴木さん宅に限られる。どんなに考えても原因が分からないのでなんだか気味が悪い。

ある日、会社に前任者が遊びに来た。北村さんが汗の話をしてみると、彼は経験していないという。ただこんな噂を教えてくれた。

洋子さんは姑にひどいイジメを行っていて、耐えかねた姑は彼女の目の前で焼身自殺をしたのだという。場所は玄関だ。

言葉を失う北村さんに「あくまでも噂だよ」と言うが、あの症状が事実である事を裏付けている気がする。そして大量のエタノールでどんな汚れを拭いているだろうか。

チャイムを押したわけでもないのに、体が熱くなって、汗が噴き出した。

朝の清掃

（家電量販店勤務）

太田さんが働いている大型の家電量販店では早番の人がテレビを販売しているフロアに行って画面を拭くという作業がある。

以前はそのフロアの早番だけの仕事だったが、あまりにも辛い作業なので、全フロアの早番がルーティンでする事になったのだ。

朝、出勤してテレビの前に立つ。全てのテレビに人の手や顔の跡が覆いつくすようについている。

性別も年齢もバラバラのようで、中には欠損している物もある。

当然、営業中につけられたものではない。

一度だけ店長に「こんなものを売ってもいいのか」と聞いた事がある。すると「販売先からクレームがないので問題はない」と軽く返された。

という事はこの店舗に問題があるのか。

しかし誰もがそれ以上の怪異を経験した事がないので、朝の清掃は今日も粛々と行われている。

冬の菓子（百貨店販売員）

相沢さんはデパートの和菓子売場に勤めて十五年ほどだ。古い郊外型店舗でお客様には、親子三代でのご贔屓さんも多数いる。

中でも印象的なお客様は毎週火曜と金曜に現れる老婦人・前田さま。春には道明寺、秋は栗どらやきと季節の品を一つ、それと定番の大福を一つ。中元歳暮の時期にはせっせとオーダー表を書いて、日本中のあちこちへ相沢さんの店の菓子を送ってくれた。

ある金曜日の夕方、いつものように前田さまは店先へ現れた。

「寒い冬の日でしてね。柚の菓子を売り出したばかりでしたから、てっきりそれをご用命かと思ったんですよ」

しかし、待ちかまえる相沢さんをよそに、彼女はただニコニコと笑ってショーケースを眺めるだけで何も言おうとしない。

そのうち売場はピークタイムに入り、あたりは人で溢れた。次から次へと訪れるお客様に対応しているうち、相沢さんは前田さまを見失ってしまった。

「きっと諦めてお帰りになってしまったんだわと思いました。とても悪い事をした、必ず謝らなきゃと次の火曜になるのを待ち構えてました」

しかし、次の火曜日、前田さまは現れなかった。

代わりに、彼女の孫だという女性がやってきてこう言った。

「おばあちゃんが一番よく買っていたものをいただけますか？　仏壇に供えてあげたいんです」

聞けば、前田さまは先週半ばに風邪をこじらせて亡くなったという。

「つまり、金曜にはもうご逝去されていたんですよ。それでも、いつも通りお店に立ち寄ってくださったのかと思うと怖いというより嬉しくてね」

相沢さんはその女性に定番の大福と季節の柚菓子をお勧めしたという。

「それからもう何年もたっていて、私もじきに売場を引退しますが……柚のお菓子が出回る時期になると今でも前田さまの事を思い出します」

プライド（アパレル店員）

二十代後半の荒井さんはセレクトショップの店員だ。背が高くスラっとした彼女はどんな服でもおしゃれに着こなす事ができるので、店長からの信頼も厚い。

ある冬の日。閉店近くに若い女性客が入ってきた。見慣れない顔なので新規の客だとは思うが、店長が休みの日なので確信はない。ただ常連客だからと言って馴れ馴れしい接客を良しとする店ではないので、荒井さんはごく普通の接客で対応した。

ところが客の様子がおかしい。言葉の端々に「この私の事を知らないの？」的なプライドを感じ、どんどんと不機嫌になってくる。

やはり常連客なのか。それとも有名人なのか。しかしそれを聞くのもかえって失礼だ。

彼女は不機嫌なままで八点を試着すると、ハイブランドの財布からカードを取り出して三点を購入。そして不機嫌なままで帰っていった。

彼女が帰った後、買わなかった服を棚に戻そうとすると凄まじい臭いがした。例えるなら香水と糞尿を混ぜたような臭いである。

これをそのまま棚に戻すのは絶対にまずい。荒井さんは服にビニール袋をかけ、バックヤードの隅に置いて帰宅した。


するとその夜。変な夢を見た。

例の女性が「私の事を知らないお前はクズだ」みたいな事を延々と言い続けるのだ。

翌日、重い気持ちのままで出勤すると、店長が「夢に変な女が現われてスタッフ教育がダメだと説教された」と言ってきた。詳しく聞くとその風貌は例の女にそっくりだった。

昨日あった事も含めて伝えると「そういう事ってあるんだよねえ」と異臭のする服に塩をまいた。すると異臭はあっという間に消える。

「それから昼休みになったら近くの神社に行きなさい」と言われたのでその通りにした。気持ちがスッと明るくなり、午後からは普段通りに働く事ができた。

また例の客が来る事を警戒したが、今のところ現れていない。店にも、そして夢の中にも。

彼だけ見えない

（書店経営）


地方都市の商店街に地方には珍しいサブカルチャーに特化した書店ができた。

店主の谷村さんは三十代半ばのやせ型の男性で、以前は別の地方都市で書店を経営していたが、テナントで入っていたビルの取り壊しを機にここに移ってきたとの事だった。

大学生の後藤さんはこの書店に夢中になった。都会でしか手に入らないようなマニアックな品揃えに加えて、谷村さんの知識が豊富で話していると楽しい。

後藤さんのような常連客がどんどん増えた頃、幽霊が出るという噂を聞いた。白いワンピース姿の若い女性が〈いかにも幽霊〉という感じで店の中に立っているらしい。

ある日、後藤さんが店に行くと女性の姿があった。

憂鬱そうな顔でうなだれている姿はどこから見ても立派な幽霊。恐る恐る近づくとフッと姿を消す典型的なパターンは何かのトリックではないかと疑うほどだ。

呆然としていると「後藤君も見たんだ？」と谷村さんに声をかけられた。「はい」と答えると、無言でレジに戻っていく。

不思議な事に常連客のほとんどが幽霊を見るようになっても、谷村さんだけは見てないという。そのうちに「谷村さんは見えているのに見えないふりをしているのではないか」という新しい噂が生まれた。

そしてある日。なんの告知もなく休業が続き、谷村さんと連絡が取れなくなった。

心配になった常連客たちが情報を求め、テナントのオーナーに会いに行くと、貸しているのは谷村さんではという。しかし容姿を確認すると同一人物に間違いない。

オーナーも不審に思い、合鍵を使って常連客たちと中に入る。レジには金がないものの、商品はほとんどそのままになってた。家賃が来月まで納めてある事からも資金繰りが苦しくて失踪したわけではないようだった。

それならなぜ失踪したのか。なぜ名前を偽っていたのか。

理由は分からないままだが、幽霊にある事は間違いないと後藤さんは考えている。

皿の行方

（雑貨店経営）

羽村さんはとある地方都市で小さな雑貨店を営んでいた。自分のお眼鏡にかなった可愛らしい小物を買い付けては並べたが、時々個人作家の作品を仕入れる事も。

ある時、彼女は信州の個人作家の作品を買い付けた。花びらを模した五枚組の小皿で、円形に並べるとまるでテーブルに桜の花が咲いたかのように見える。

「可愛くって、売らずに自宅で使っちゃおうかなと思ったくらいです」

その皿を店に出す前日、羽村さんは夢を見た。見知らぬ女性が泣きながら訴えてくる。

「あのお皿が欲しいんです。二枚だけでいいから」

ほっそりとした手で覆ってしまっていて、顔は分からない。が、お洒落な服装のまだ若い娘だった。さぞやあの皿にあうだろうと思い、羽村さんは答えた。

「それなら、ちゃんとお店に出しますよ。是非買いにきてくださいね」

「でも、どうしてもお店にはいけないんです。どうか届けてください」

そう言って、彼女は隣の県の住所を口にし、更に不可解な事を続けた。

「その町の墓地の入り口から少し上って右手側、××家の墓へ置いて下さい。お金は用意しておきます」

奇妙な願いに、何故か羽村さんは疑問を抱かなかった。分かりました、と彼女が答えた瞬間、夢から醒めた。

「ただの夢とは思えなくて、例のお皿を教えられた墓地へ持って行く事にしたんです」

言われた通りの住所に墓地はあり、指示通りの道順に××家の墓もきちんとあった。墓の前には品のよい中年女性がいて、羽村さんを出迎えてくれた。

「娘の事でおいでくださったのでしょう？」

そう微笑む女性に促されるまま、羽村さんは品物を渡し、代金を受け取ってその場を後にした。途中、例の娘がどういう人なのか何一つも聞いていないと気がつき、羽村さんは慌ててさっきの墓へと引き返した。

しかし、そこには誰もいない。ただ、墓前に花と線香が供えられていただけだった。

「その時受け取ったお金はなんとなく使えなくて、まだ仕舞ってあります。この出来事があったあと、わたしは店を畳み、他の職へ就きました」

だから、あんな夢や出来事はあれっきりだ。結局売ってしまった残り三つの花びらの皿もどこでどうなっているのかも、羽村さんは知らない。

見えすぎる眼鏡（眼鏡屋）

チェーンの首都圏ならどこにでもある眼鏡屋に勤めている秀介は、変な女性客に絡まれて困っていた。

普通にできあがってきた眼鏡を、客の顔にあわせて調整して終わりという仕事のはずだった。客は、いったんは仕上がりに満足した様子で帰っていったが、翌日、眼鏡を調整して欲しいと言って再来店した。

秀介が見ても、眼鏡におかしいところはない。「どこか当たりますか？」と聞いても、そういう事ではないという。

「あの……変な事を言うようで申し訳ないんですが」と言いにくそうに前置きしてから、彼女は「彼氏の浮気相手の女が見えるんです……この眼鏡をかけている時だけ」

冗談ではなく、大真面目に言う。

「それは眼鏡のせいではないと思いますので、しかるべき病院にかかったほうがよろしいかと思いますが」

秀介は気味が悪いのを我慢して、女性をなるべく刺激しないよう丁寧に言った。

「そう……ですよね。この眼鏡をかけている時だけ見えるので、もしかしたら何か仕掛けがあるんじゃないかと思ったんですが」

「当社ではそういう仕掛けのある眼鏡は取り扱ってませんが……」

眼鏡を渡されて、よくよく見てみたが、やはり仕掛けなどはない。普通の眼鏡だ。

女性は分かりましたと言って、眼鏡を受け取り、かけた。すると部屋の隅のほうを凝視しながら。

「ああ、やっぱり見えます。ほら、あそこに女がいるでしょう?」

指さした方向を見るが、もちろん誰もいない。

そして「こんな眼鏡は使えないから、新しい眼鏡をもう一度作る」という事になり、再び眼鏡を注文した。

それから二週間ほどして、新しい眼鏡を引き取りに来た彼女は、前回とはうってかわって晴れやかで「例の眼鏡で見えた女の影が、だんだん薄くなってきたんです。だから、そのうち彼の心も戻ってくると思います」と笑顔で言った。

秀介は、ただの眼鏡屋なので、その後彼女が彼氏とヨリを戻したのか、浮気相手の女性がどうなったのかは分からない。

まぁ、知りたいとも思わないのだが。

四十九日
（古道具屋）

貴子の家には、昔、父親が古道具屋で買ってきたというラジオがあった。古い電化製品の事はあまり詳しくはないが、イメージとしては「玉音放送」を聞いたのがこういうタイプのラジオだったのではないか、と思えるような古さだ。

もしかしたら修理をすれば使えるのかもしれなかったが、家では昭和レトロなインテリアとして飾ってあった。

父親が亡くなった後、線香をあげに父親の友達が来ると、そのラジオが突然音楽番組を受信して、軽快なポップスを鳴らした。貴子には「ああ、お父さんがラジオつけてるのね」と素直に思えた。そして、四十九日が過ぎたころ、ラジオは鳴らなくなった。「ああ、お父さん成仏したのね」そう思った。

そして、古道具屋の主人が訪ねてきて、ラジオを買い戻したいと言ってきたので、言い値で売った。そのラジオの家での役割は終わったと思ったからだ。

封印（鍵屋）

友人のSは子供のころから霊能力があるという。とくに「魔を封じる」事ができるのだそうだ。このあたりは自己申告なので私は「ふーん、そうなんだ。ま、自分がそう思っているならそうなんでしょ」というくらいのテンションでつきあっている。

Sは中学生くらいの時から魔を封じる事ができるようになったそうだ。中学生の時は、できるようになった事が嬉しくて、浮遊霊を見つけては封印、地縛霊を見つけては封印していたらしい。なんでもかんでも調子に乗っていたら、なんとお盆に帰ってきていたおばあちゃんを封じてしまったらしく、その後おばあちゃんが帰ってこなくなってしまったのだという。今のところ、その封印を解く方法は見つかっていないとか。

ところで、Sは現在、鍵屋さんをやっている。開かなくなったドアを開けたりする業務もあるそうなのだが、おばあちゃんが戻ってくるカギも早く開けてあげなよ、と思ってしまう。

プロの条件（美容師）

小松さんは見習いの美容師だ。
そのため、メインの仕事はシャンプーだが、ヘッドスパを売りにしている美容室なのでそこまではやらせてもらえない。

しかし仕事熱心な彼は先輩の頭をモデルに何度も練習をし、ついにヘッドスパを行える事になった。更に研究と練習を重ね、上得意の白井さんの髪を任されるまでになる。

白井さんを担当する事が決まると、先輩の一人が「プロの条件ってなんだと思う？」と話しかけてきた。「技術ですか？」と答えれば「どんなお客様にも動じない心」だという。続けて「白井様には気を付けて」と助言をされた。
そう言われても白井さんは問題がある人とは思えない。むしろ言葉使いは丁寧でいつもニコニコしている感じのいい人だ。ところが先輩は「施術すれば分かると思うけど、どんな事があっても冷静に」とまで言ってくる。

当日、予約時間通りにやって来た白井さんをシャンプー台に案内し、お湯が適温である事を確認してゆっくりと頭に触れた。途端に彼は悲鳴を上げそうになる。

頭皮がない。指が奥へ奥へと入っていく。

気のせいではない証拠に自分の指が第二関節より上しか見えない。埋もれた指が何かに触れる感覚は全くなく、それどころか更に奥へと吸い込まれそうだ。

振り返ると忠告してきた先輩が心配そうにこちらを見ている。

そうだ。プロはどんなお客様にも動じてはいけない。

少し冷静になった彼は頭皮があるあたりまで指を戻す。そしていつものとおりに指を動かし、なんとか施術を終えた。

しかし所詮はヘッドスパの真似事に過ぎない。これで良かったのかと不安な彼に白井さんが「あなたってとても上手ね。次もぜひお願いしたいわ」と微笑む。彼も同じように微笑んで「ありがとうございます」とお礼を言うと、カット台に案内した。

営業終了後、先輩から「よく耐えたね。さすがプロ」と声をかけられた。先輩にも理由は分からない。でもプロだから耐えているそうだ。

自分に耐えられるだろうか。いや、耐えるしかない。プロなんだから。

人身事故（警察官）

自宅の庭の隅で、カラスが死んでいた。

発見した時、触るのも怖くてどうして良いか分からず、駅前の交番へ相談に行く事にした。緊急事態ではない。一一〇番通報をするべきではないのは分かっていたので交番に足を運んだのだが、後になったよく考えたら、保健所の管轄だったのかもしれない。カラスの死骸は大きく不気味で、その時は動揺してしまっていたので、咄嗟に保健所に相談するという方法が思いつかなかったのは仕方のない事だとご勘弁いただきたい。

何はともあれ、駅前の交番でおそるおそる「あの、生活の……相談？　があるのですが」と言ってみると、お巡りさんは親切に話を聞いてくれて「それじゃあこっちで処分しますよ」と言って、大きめのごみ袋と古新聞、スコップを持って一緒に家に来てくれる事になった。

駅から自宅まで十分くらいかかるので、制服のお巡りさんと一緒に歩く。

「変な相談してすみません。どうしていいのか分からなかったので助かりました」

と言うと、そのお巡りさんは。

「いやいや、昨日なんかウチの駅と隣の駅の間で人身事故があったから、駆り出されてたんですよ。それに比べたらカラスなんてかわいいもんです」

昨日、人身事故があった事を思い出し、私は取材根性丸出しになってしまった。

「何か怖い体験とかした事ないですか？　お化け系の方向で」

お巡りさんは人身事故の現場では、轢かれて飛び散ってしまった人を全部回収しないといけないので、大変なんですと言った。

「でも、左の親指だけどうしても見つからないという事があって。一生懸命に探していると、茶色いコートを着た人がかなり離れたところから「こっちこっち」とでもいうように、指をさすのでそっちを探したら、ようやく最後まで見つからなかった指があった。で、そのコートの人にお礼を言おうと探したらいない。というか、現場の誰に聞いてもそんな人は最初からいなかったと……」

私はお巡りさんの話を聞いて「あ、その話、ネットで見た事あるような気がする」と咄嗟に思ってしまった。お巡りさんが、ネットの話をさも体験談のように語ったのだろうか。それとも、本人の体験談なのか。もしかしたら似たような体験談はたくさんあるのかもしれない。幽霊としても、飛び散った自分の遺体は早く回収して欲しいだろうから、捜索に協力する例がいくつあっても不思議はないだろうから。

道の上で

（警備員）


西山田さんは数年前まで警備員のバイトをしていた。

俗に言う交通誘導、雑踏警備が主な仕事だ。そんな彼が、こんな経験をした。

住宅地の中を通る細めの道、午前からの現場だった。

彼が旗振りをしていた真横に小さな家があった。

古い木造平屋建てで塀すらなく、道路ギリギリに建っている。

一部木製の雨戸が閉まっており、それ以外はカーテンのない割れた硝子窓だった。

草も生え放題だ。取り壊す費用がない空き家なのだろうと思った。

しかし、時々家の方向から人の声が聞こえる。

それも男女の会話らしいのだが、内容は聞き取れない。中年くらいの男女の声のようで、お互いに罵《のの》り合っているような雰囲気があった。

ただし、声がする家はどう見ても空き家である。声がするはずがない。

その内、ふと気付いた。トランシーバーから音声が出ている時、及び車が通り過ぎる時だけ声が止むのだ。

また、声が耳のすぐ傍で発されているように感じる時もあった。
休憩で何度か交代したが、自分以外には聞こえていないようだ。
厭だなと思っている内に工事は終わり、撤収となった。声はまだ続いている。
何気なく空き家を振り返った。
声がピタリと止んだ。代わりに、カーテンのない窓の向こうにチラと何かが動いた。
なんだ、誰かが住んでいたのかと納得しかけたが、それでも違和感が拭えない。
見つかる覚悟で割れた窓から中を覗いた。
畳がなかった。根太《ねだ》と僅かな床板しかなく、隙間から草が生えていた。
そして、壁に映画のポスターがあったが、八十年代のものだらけだった。
総毛立つとはこの事だ。彼は慌ててその場から全力で逃げ出した。

警備員も辞めてしまったので、そこの家には二度と近付いていない。
ただ、あの男女の会話らしき声が偶に聞こえるようになってしまった。
静かな夜は特に耳の傍で響く感じがする。
やはり、どんな事を話しているのかは、分からない。

お客さんの気持ちが分かった（霊能力者）

友人の紹介で、霊能力者という人に会った。なぜその人が霊能力者だと分かったのかというと、名刺に大きく「霊能力者」と書いてあったからだ。

こういうのは言ったもの勝ちの世界なのだろうか。名刺に書いてあったからといって、その人に霊能力がある証拠にはならないのだが、ただ、悪びれる事なくどーんと書いてあるので、霊能力を使って仕事をする事に誇りを持っているのだろう事は伝わった。

他のエピソードで書いたのだが「庭にカラスの死骸が落ちていて不気味」という出来事があったので、友達にこの話をしたら「土地建物のお祓いに強い霊能者を知っているので、機会があったら見てもらおう」という事になったのだ。

私は霊能者の類の事を信じてはいないので、家で大人数でゴハン会をする時に「ご都合がよければご参加ください」という程度のスタンスで紹介してもらう事になった。売れっ子の霊能者さんに対して申し訳ないのだが、あまり「見てもらおう」という意気込みはないのだ。あと、ここだけの話「土地建物のお祓いに強い霊能者」って「離婚問題に強い弁護士」みたいだなとツッコミを入れたくて仕方なかったが、大人なので黙った。

その霊能者は、友人が「旦那の元カノの生霊が毎晩あらわれて金縛りに遭う」という、不眠症待ったなしの状態を救ってくれた、とか、友人の会社の人が「なぜか左側だけ怪我をする」といった怪現象を、お祓いをして救ってくれたのだそうだ。

そして、ゴハン会で紹介していただく運びになったのだが。

この霊能者、見れば見るほど、知っている人に似ている。というか、その人？　そう思って私は「××さんはお元気です？」と、その人の三十年前の元カノの名前を言ってみた。するると、あきらかに動揺して「なぜ彼女の事を……？」と聞いてくる。私はそれを無視して「三十年前、こんなお友達がいましたよね」と畳みかけると、どんどん挙動不審になっていった。実はこの人がまだ霊能者をやっていなかった三十年ほど前、二、三回逢った事を覚えていた、というだけの話なのだ。「私の特技は人の顔と名前を覚える事なんです。初対面じゃないんですよ」とタネあかししたものの、その霊能者は「どんな霊と対決するより焦った！　今までお客さんの過去を霊視で当ててきたけど、当てられるお客さんの気持ちが初めて分かりました。心臓に悪いものなんですね。これからはもっとソフトに伝えるようにします」と、自分の仕事を見つめなおす良い機会になったらしい。

お役に立ててなによりだ。ちなみにカラスの件を聞くのは忘れた。顔と名前以外は忘れっぽいのだ。

訪れるもの（僧侶）

梅田さんは由緒ある寺の副住職で、父が住職、寺庭《じてい》婦人の母も僧籍を取得している。

「寺は誰にも開かれた場所でなければならない」という父の考えで、梅田さんの寺では二十四時間鍵をかけない。

不用心すぎると心配する檀家もいたが、父の考えは変わらなかった。

実際、檀家でもないのに何も言わずに本堂に入ってくる人がいる。そういう人に両親は会釈をするだけで自分から声をかけない。

黙ったままで長時間座っている人にはお茶を出すが、その時も最小限の言葉しかかけない。

もちろん話しかけられたら応じる。そのまま説法になる事もあるが、押しつけがましさは一切なく、自分もいつかこのような僧侶になりたいと梅田さんは思っていた。

日中は檀家の出入りがけっこうあるせいか、何も言わずに入ってくる人は早朝が多い。次は夕方。深夜にも時々やってくる。

そんな話を友人にすると「幽霊だったらどうするの？」とよく言われるが、たいていは人間だ。生きていないなと思う事もあるが、それは深夜に訪れるものだけとは限らない。そして幽霊だけとも限らない。

父は時々、両腕をさすりながら、

「生きている人もそうではない人も同じように接しなさい。ただそうではない人には少し気をつけた方がいい。人のようで人ではないものがいるからね」

と言う。

それが具体的に何を指すのかまでは言わないが、父の両腕にある裂かれたような古い傷は〈人ではないもの〉が原因だと梅田さんは考えている。

地元の儀式
（ホテル運営）

京子はホテル運営会社に勤めている。単独経営・運営が立ち行かなくなった老舗旅館をリフォームして、経営・運営のテコ入れをするというのがざっくりとした業務内容だ。

これは、リーマンショックが起きる前の話である。

京子はある地方の老舗温泉旅館の再開発を担当する事になった。今までのスタッフたちと協力して旅館を盛り立てていく、という仕事……ように思えるが、実際はそれだけではない。古い旅館の中身を新しくするだけでは旅館の魅力にはつながらない。周辺の観光なども含めて盛り立てていかなければ、どんなに旅館を整えても集客にはつながらないのだ。

地元の協力を得るためには、その土地の風習をないがしろにせず、お祭りなどには積極的に参加し、寄付をしたり働いたりする事が大切だ。

京子が担当する事になった旅館は、百年以上続く老舗で、もともとは個人経営だったのだが、後を継ぐ人がいなかったので、経営と運営を委託される事になったという経緯がある。だから、旅館は地元にはもう根付いている。足りない人員を新規スタッフとして補充すれば、すぐにでも営業再開できそうだった。

旅館と正式契約を交わす事になった日、元の経営者から、京子は「氏神様へご挨拶に行って欲しい」と言われた。氏神様は湖の小島の中にある神社に祀られており、船を出してもらって参拝する事になる。地元の風習を大切にという社内教育を受けていた京子は、もちろん快諾して、きちんとスーツを着て新規スタッフと共に参拝に行った。

そして船から落ち、溺死してしまった。

京子の運営会社側は騒然としたが、元経営者は憮然としていた。「氏神様は女の神様で、女性の参拝を嫌っている。そんなの常識なのに、なんで女が参拝に行ったんだ」と、京子が常識知らずだからバチが当たって溺死したのは自業自得、当たり前の事だという認識なのだ。そして「そんな常識知らずの会社とは取引できない」という事で、契約を反故《ほご》にしてしまった。

古い田舎の風習は、時に「そんなの当たり前」すぎて、わざわざ忠告をされない事がある。京子の溺死は不幸な事故で、神様は関係ない偶然なのかもしれないが、運営会社は以降、綿密な事前調査を怠らないようになったという。

この子（神職）

戦後十数年が過ぎた頃である。

児玉本家の跡取りが生まれた。

玉のような男の子で、当主の喜びもひとしおだった。

親類縁者を招いての大宴会は当たり前。周辺の家々に菓子折を配るほどだった。

問題は名付けだけである。

児玉家は代々菩提寺の住職か、氏子になっている神社の宮司に名を付けて貰う習わしがあった。その時、当主の名からひと文字取るのが通例でもあった。

しかし、この時の当主は寺にも神社にも足を運ばなかった。

〈この子は我が家の跡取りなのだから、自分が決める〉

そう言い放ち、子に名を付けた。この時の当主は我が強く、無神論者だった。

ところが、その跡取りになるはずの子は死んだ。

三つになる前だった。

その後児玉家は没落し、今、どうなってしまったか分からない。

当時を知る神職が漏らす。

――児玉家の当主が付けた名は、不敬なものだった。

何かの折に、当主が息子を抱いて歩くところへ出くわしたので、古来の仕来《しきた》りを大事にせよ、これからでも改名しないか、と助言したが、言う事を聞くどころか、酷い剣幕で怒鳴られた。

その時、何となく「ああ、これは家そのものが終わるな」と思った。

この不敬な名を付けられた児玉家の跡取りは、頭部が潰れて死んだ。

殺したのは父である当主だ。重い木箱を寝ている我が子の頭に落としてしまったのである。もちろん故意ではなかったが、その後、精神を煩って失踪した。

これが児玉家の没落の始まりだった。

タロット（占い師）

田之倉さんは、タロット占いを得意にしていた。

本やネットで調べただけだったが、それでも当たると友人からは評判だった。

自信を深めた結果、就職後に副業として〈タロット占い〉を行うようになった。

真冬の晩、いつものように練習としてテーブルにカードを並べていると、正位置でも、逆位置でもあまり良くない意味を読み取らざるを得ない札が出てくる。

例えば「否定」や「辞める・止める」である。

解釈に悩みながら視線を上げた。思わず声を上げそうになった。

テーブルの向こうに誰かが居た。

独り暮らしの部屋、自分以外に誰かが座るはずがない。

それより、誰かが目の前に居て、ここまで気付かないはずがない。

身を固くしながら相手を見つめた。

若い格好をした女が座っていた。うなだれているので、顔が長い髪の毛に隠れて見えない。いや、全体が薄ボンヤリしていて、ディテールがハッキリしない。

普通なら逃げる案件だ。しかし下半身が動かない。同時に、相手から無言の強烈な訴えが伝わってきた。占って欲しいのかと心の中で呟くと、相手が小さく頷いた。

何を占えば良いか分からない。それでも、と震える手で、カードを並べる。

出てくるカードはどれも良くない。

が、そこで気付いた。カードは自分に向けて並べている。だから、テーブルに向こう側から見れば、位置が違う。それなら、良い意味だ。伝えようとした瞬間だった。

相手から怒気が放たれた。言葉がなくとも分かる。

顔が上がった。怒っていた。しかしどう表現して良いか分からない。般若のように、とも違う。紗が掛かったような顔だが、とにかく、怒り狂っている。

ああ、これを見つめ続けてはいけない。それだけは理解できた。

その途端、明かりが落ちた。女の人の姿が、明瞭な像を結び出す。

思わず両手で目を隠した。

どれ位経っただろうか。恐る恐る顔から手をどけると、電灯が復活していた。

もう、女の人は居なくなっていた。

その日を境に、田之倉さんは占い師を辞めた。

どまんじゅう（農家）

東京に住む翔平の、祖父の実家は東北の農家だ。父の代で親戚づきあいは疎遠になっているので、翔平は祖父の田舎には行った事がないが、話だけは聞かされていた。

中でも印象に残っているのが「どまんじゅう」の話である。

戦前、祖父が子供だったころ、その地域では土葬が普通だった。村の外れにどまんじゅうと呼ばれる、土を半円に盛っただけの墓がいくつもある一画が設けられていた。

夏になると、そのどまんじゅうの上に人魂が出るという話がまことしやかに語られていた。やんちゃな盛りの子供だった祖父は、ある夏の夜「どまんじゅうに出る人魂を見に行こう」と、大人には内緒で、兄、弟、祖父の三人で肝試しをする事になった。

三人は一本の懐中電灯の明かりを頼りに灌木の茂みを抜け、どまんじゅうがたくさんある一画に向かった。何百年も前のどまんじゅうもあるとの事なので、この一画はそれなりの広さがあり、奥には大昔に植えられた栃の大木があった。

懐中電灯の光をどまんじゅうに向けて観察する。新しいどまんじゅうはこんもりと饅頭型に盛られていて、分かりやすい。古いどまんじゅうは、風雨にさらされてだんだん小さく平らになっていく。しばらく夜の闇と墓場の不気味な雰囲気を兄弟三人で楽しんでいたが、そのうち、奥にある大木のほうから音がするのに気がついた。

灌木の影から様子を窺うと、白装束を着た女が五寸釘で藁人形を打っている。当時の祖父はそれが何なのかは分からなかったが、鬼気迫る女の様子から、人魂よりも恐ろしいものを見てしまったという事だけは直感して、兄弟三人大慌てで逃げ出した。

だが、運の悪い事に下の弟がずぼっと地面に落ちてしまった。

どまんじゅうは古くなると風化して、丸く盛った土が平たくなって普通の地面と見分けがつかなくなる。見分けがつかなくなっていても、地面の下には木のお棺と、中にはご遺体が埋葬されているので、古いどまんじゅうの下はそれらが腐って空洞になりその上にうっかり乗ると落ちてしまうのだ。兄弟に気づいた女は、追いかけてくる。「追いつかれたら五寸釘で刺される！」そう思った三人は、弟を必死で助け、ほうほうの体で逃げ帰った。

その後、祖父はその女らしき人物があぜ道の脇にある小さな社の扉を五寸釘で止めているのを目撃したが、怖いので関わらないようにしたという。

そして現在。祖父の話が記憶に焼きついてしまったのだろうか。翔平は自分が小さな小屋のようなものに入っていて、不気味な女がその扉を五寸釘でガンガン打ち付けていて出られない、という夢をしょっちゅう見る。

佇む彼（造園業）

的場さんは造園業の三代目だ。子供の頃から祖父や父の仕事ぶりを間近で見て、ごく当たり前のように家業を継いだ。

「おかげさまでお客様とも三代続けてのおつきあいが多く、新規のお客様は更にその紹介で増える場合がほとんどです」

もっとも近年は立派な庭付き戸建てが減ってきて、その紹介も少なくなってきたという。

これはその数少ない「最近増えたお客様」の庭での出来事だ。

「都内の一等地の広いお庭なんですが、妙な子供がずっといるんですよ」

的場さんが仕事をしている最中、その子はずっと同じところに佇み、ただただこちらを見上げてくる。服装はボロボロで痩せ細り、何より、怪我でもしたのか顔が青黒く腫れ膨れていた。

「不思議に思って、その家の奥さんに『あの子はどうしたんですか』って聞いたんですよ」

すると、急に相手の顔色が変わった。

今までは親切にやれお茶だやれお菓子だと出していてくれたのに、「いつ仕事が終わるのか」「まだかかるのか」など急かすような言動が増えた。

「不思議に思いながら仕事を終えて、しばらくたった頃、テレビでニュースを見て仰天しました」

そこには例の家が映っていた。我が子を母親が虐待した挙げ句、殺して埋めたのだという。

「しかも、それがね、もう一年も前の話だっていうんですよ。じゃあ、あの時庭にいた子供は？　……って」

おしゃれな部屋
（園芸店店員）

ガーデニング用の花の苗から、野菜、屋内用の観葉植物など、さまざまな季節の植物を取り扱っている園芸店に勤めている修二は、同郷の友人、雄太と東京に出てきた今でも仲が良い。

コロナ禍になって、家にいる人が多くなったせいか、観葉植物は今までとは比べ物にならないほど売れた。そんな事を雄太に話すと、流行ものに敏感な彼は目を輝かせた。

「観葉植物か！　それ、こんど俺の番組で紹介したいから、いろいろ教えて」

雄太は動画配信番組をやっている。

それが、とても洒落た編集で、雄太が自分のカッコイイ都会のライフスタイルを紹介するという……東京都出身の人なら絶対にやらないような内容のチャンネルだった。雄太は二十代後半。ちょっと身長は低いが、イケメンといって差し支えない容姿をしている。

雄太は修二の知識をそのまま喋った。最初の一回は、内容を把握して自分の言葉で喋ったが、次からは面倒になったのか修二に台本を書かせて、それをそのまま読んでいた。

それがうまく時流と合ったのだろう。再生回数はうなぎのぼり。収入は倍増したのだが、協力者の修二には内緒にして、とくにお礼も出さなかった。

修二は、度重なる無償の協力は負担が大きく、園芸店と雄太の動画配信番組との両立が難しくなり、半年も経ったころにはへとへとだった。

そんな時、雄太は修二の勤める園芸店に取材を申し込んだ。

雄太は友達のイケメン数人と楽しそうに観葉植物を選ぶ動画を撮影。その中で、修二は初対面として扱われ「店員さんも驚く雄太の知識」というような内容で紹介された。それではっきりと、雄太のお洒落な世界に、同郷のダサい修二は要らない存在なのだという事が自覚され、修二は彼の動画配信に協力するのをやめてしまった。

修二の協力がなくなっても、雄太の動画は配信を続けた。だが、あきらかにクオリティが下がり、時には間違った知識を垂れ流していた。ある時「屋内で観葉植物用を育てるためのライトを、かっこいいランプシェードをつけてカスタマイズする」という雄太発案の企画で作ったライトで、火事を起こして焼死してしまった。

葬儀のあと、修二の夢枕に雄太があらわれて「動画配信サイトを頼む」と言った。

雄太の両親からも「パソコンの事はぜんぜん分からないから」と、サイトの事は修二に託されていたので、チャンネルは全部削除してしまった。

「間違った情報を消す事が、俺に頼まれた事なのだろう」修二はそう解釈している。

カギ（猟師）

木村さんはサラリーマンである。

が、同時に猟師でもある。休みの日は山へ入り、狩猟すると言う。

狩猟免許や罠猟免許は各都道府県ごとに交付される上、細かい規則はそれぞれで違う。

ただし、どれも各安全を考慮したものである事に違いはない。


ある日、木村さんは猟師仲間の中野内と猪を撃ちに行った。

この中野内は同世代の三十代で、同時期に免許を取った人間だった。彼は自営業のため、狩猟へ足を運べる回数が多い。

山に入る前、車から銃を降ろしながら中野内が声を潜めた。

「俺が猪を撃てるのは、あと五頭だ」

誰かに聞かせたくないような口ぶりだった。何か理由があるのか訊ねる。

「……ここ数日、死んだ親父が、何度も夢枕に立った」

猪なら五頭、鹿なら三頭、と具体的な頭数の制限が夢の中の父親からなされたらしい。

夢は夢だろうと言いたいが、殺生が絡むのが猟だ。然もありなんと思わざるを得ない。

中野内はもうひとつ、と続ける。

「あと、人を撃つならひとつ、ひとりまで、ってさ」

彼は口の端を歪めるように笑っている。冗談なのか本気なのか捉え難い。会話の途中、中野内が約束してくれ、と言った。

「今の話、山に入ったらしないでくれよ。残りの数とか。親父がそう言っていたから」

その日、中野内は猪を一頭撃った。転がった獲物の傍で、「あと四頭だな」と木村さんは口を滑らせてしまった。中野内は仕方ないなと苦笑いを浮かべた。


数週間後、中野内に会った。

彼の右手人差し指がカギ型のように曲がっていた。もう伸びないのだと笑う。

「あれから猪を二頭、鹿を一頭撃った。鹿を撃った翌日、指がこうなっていた」

引き金も引きづらいし、もう猟は辞めだと、彼は宣言した。

次に中野内に会ったのは、数ヶ月後。彼の葬儀であった。

中野内は、自分の猟銃で自殺をしていた。

だから、彼は最後に人をひとり撃った事になる――。

仕舞い（漁師）

菊田さんの父親は漁師だった。

出漁すると二、三日で戻ってきていたので、沖合漁業をしていたのだろう。

まだ幼かった彼に、父親は仕事の詳細はあまり語らなかった。

いや、元々口数が少ない人だったからかも知れない。


確か小学五年に上がった年の、冬の入り口くらいだったと思う。

夕方、自宅でひとりゲームをしていた。母親は何処かへ出かけていたと思う。

外は風が強く、風切り音がとても煩かった。分厚い雲が垂れ込み始めたのか、室内が薄暗くなっていく。

おやつを食べながらゲームを進めていると、何故か海鳴りが酷く近くで聞こえた。

そこにずぶ濡れの母親が帰ってきた。

急に大粒の雨が降り出したらしい。母親が着替えている最中、また玄関が開いた。

来客か、荷物か。母親の代わりに廊下へ出る。

驚いた。昨日、漁に出たばかりの父親が立っていた。

帰りの予定は明後日の筈だ。

玄関ドアの向こうは横殴りの雨が降っている。父親の手に傘はなく、合羽やその他の雨粒を凌ぐようなものも見当たらない。それなのに、全く濡れていない。

日に焼けて黒いはずの顔が、青白く見えた。父親は無言のまま母親の元へ歩いて行った。

そして二人で両親の寝室へ入っていく。何事か話している雰囲気だ。

ややあって、父親が出かけていった。帰ってきたのは深夜だった。

自室で布団に丸まり耳を澄ませていると、両親の会話が微かに聞こえてきた。

〈――あんな事があったケ、俺ァ、もう、海には出られン……〉

前後の会話はよく聞こえなかったが、漁師を辞める話のようだ。

以降、本当に父親は漁師を辞めた。誰に復帰を勧められても、首を縦に振らなかった。


その三年後、母親が病で帰らぬ人になった。

菊田さんが成人すると、今度は父親が事故で亡くなった。

漁師を辞めた理由は最後まで教えてくれなかったので、結局分からず仕舞いだった。

牛小屋（畜産業）

塩路さんの家は畜産農家だった。
メインは肉牛である。子供の頃から父母や祖父母の仕事をよく手伝っていた、というより彼は主戦力扱いされていた。

彼が高校生くらいの時だった。深夜、牛小屋が騒がしくなった。
複数の牛が激しく鳴き声を上げている。これまで聞いた事がない声だ。
一体何だと父親と二人、牛小屋へ飛び込んだ。
牛の鳴き声がピタリと止んだ。
見れば通路にピンクのゴムボールがひとつ、ポツンと落ちている。
バレーボールより一回り小さい程度で、子供が遊ぶようなものだ。
今、塩路家に小さな子はいない。
そして彼や父親を始めとして、家族全員覚えのないボールだった。
では外から持ち込まれたのか。否。それも難しい。

何故なら、外部から不法侵入者が入って来られないように各種対策を取っているからだ。どうやって置かれたのか分からないボールは処分され、一夜明けた。

牛舎に行くと、牛が一頭死んでいた。

牛の突然死は起こりうる事だ。当然いろいろな理由がある。伝染病だとかなり困った事になるので、原因を調べたが結果死因は不明だった。

それ以降、子牛が突然死したり、事故で牛が死んだりなど、家畜の死が短期間に繰り返された。元からあった借金もあり、最終的には離農する事になった。

——が、畜産を辞めてからすぐ、遠く離れた地で家畜の伝染病が蔓延し始めた。

対策が後手後手に回り、あっという間に感染が拡大していく。結果、家畜の大量殺処分に至った。

畜産業界に甚大な被害、影響を及ぼした事は言うまでもない。

伝染病の報道を見る塩路さんの脳裏に、理由なくあのピンクのボールが浮かんだ。

ひんがら目（林業）

山仕事を生業としていた笹塚さんの祖父が言う。

〈数えの四十九になるまじ、我げ家で【ひんがら目ッの男】が出んかって、お前が見らんじ済めば、長ご生きらるっとぞ〉

祖父の息子――彼の父は四十の声が聞こえる前に玄関で〈ひんがら目ッの男〉を見た。

そして、山仕事の事故で亡くなった。普段なら絶対にしないミスをして。

笹塚さんは現在数えの三十九歳。

残り十歳。幸いな事にまだ〈ひんがら目ッの男〉は見ていない。

あとがき

夢で会えたら

最後まで読んでくださってありがとうございました。あとがきがわりに、執筆中に起きた不思議な夢の話をひとつ。

私の脳内には、夢の中だけに存在する「いつものショッピングセンター」という存在があります。そのほかにも夢の中の温泉街、夢の中の駅、夢の中の学校など、いろいろ夢の中のシリーズがあるのです。

現実の私は、本書の執筆陣でもある佐々原先生にそそのかされて、最近、自転車で遠出をする習慣がついたのですが、おかげで夢の中でも自転車に乗るようになりまして。

その結果、なんと、温泉街とショッピングセンターがつながったのです！　新たな地図ができました。温泉街とショッピングセンターをつなぐ道の脇は、まだ工事中。そのうち何かの施設が建つのかもしれません。可能なら何らかの事情で失われた刀剣の博物館ができたらいいなと妄想しています。豊前江とか御手杵とかが展示されてるの希望！

黒碕　薫

初めましての方もそうでない方も、こんにちは。佐々原史緒と申します。

子供の頃からお化け関連のあれやこれやには比較的強かったのですが、とにかく数字に弱いです。今回も書いている最中は「あわわ、このままだと規定枚数に達しないかも。いちまーいにまーい……ああ、一枚足りない！」と番町皿屋敷のお菊さんみたいになり、慌てて何作か書き足すと、今度は「いちまーいにまーい……三枚多い！」と逆番長皿屋敷に陥りました。前作の「社畜怪談」の時もそうでした。

こうなると、もはや呪い？　そういう呪いに陥ってるんだという事にしておきたく存じます。わたくしに無駄なくぴたりと規定枚数以内に書き納める能力がないのではけっしてなく。ええ、けっして。

そんな呪いの最中で書いた実録短編群でございますが、お楽しみいただけましたら幸いです。共著の皆様、お話のネタを提供して下さった方々もありがとうございました。またどこかでお目にかかれたら嬉しいです。

佐々原史緒

深夜の音読

葉月弥生

　演劇の稽古始めは〈素読み〉から入る事が多い。これは抑揚や感情を入れずに脚本を読み上げていく作業だ。この時に誤字や脱字が見つかる事がよくあるので、私は書き上げた脚本は素読みしてチェックする事にしてる。

　今回、書き上げたものも素読みした。時刻は午前三時過ぎ、怪談を読み上げる時間帯ではない。しかし締め切りは明日だ。時間がない。三分の一ほど読み上げると洗面所の方から「ピシッ！」と鋭い音がした。一人暮らしなので他に人はいない。怖いと思ったが、締め切りに間に合わない方がもっと怖い。かまわずに読み続けると「ピシッ！」という音は読み終えるまで何度か続いた。

　全ての作業を終えて恐る恐る洗面所に入る。すると洗面台に置いてあったパワーストーンのブレスレットの紐が何か所も千切れてバラバラになっていた。

　とっさに「これでもう一話書けたのに……」と思った自分が少し怖い。

〈職罪怪談〉いかがでしたか？

各著者の皆様には、様々な条件を念頭に置いて執筆して頂きました。

おかげで、充実の話数に加え、とてもバラエティに富んだ職種を扱えたと思います。

因みに〈職罪〉のタイトルですが、職業に罪がある、と言いたいわけではございません。

他にいろいろな意味を含ませてみたので、ご一考頂けたら。


本書を編むに辺り、各著者の皆様には大変ご迷惑をおかけしました。

また、竹書房様と編集者氏、関係各位のご尽力のお陰で上梓もできました。

そして読んで下さった皆様がいらっしゃるからこそ、本を書けます。

本当に、厚く御礼申し上げます。またお目にかかりましょう。

二〇二二年　令和四年　新しい年に
久田樹生

百物語を越えた先に

（作家）

某作家が〈結果的に〉百物語を編んだという。
怪異を百立て続けに並べて読むと、新たな怪異を呼ぶと聞く。
だから九十九話で寸止めし、足りない一話は読者諸兄姉が……という作法があった。
ただし、この作家の本は百を越える予定になった。
そもそも百物語になると決めたのは良いが、それを守らなくてもよいと考えていた。
それこそ煩悩の数だろうが何だろうが、百以上になれば問題ないのだ、と。

共著者の原稿も集まり、自身の書いたものを含めて百以上揃っている。
改めて全てに目を通し、収録一覧リストなどの作業も終盤に差し掛かった。
リストにズラリと並ぶ怪異譚の見出しタイトルをチェックしている時だった。
重い物が床に落ちる音がした。資料を置いた隣の部屋だった。
音を聞いた時〈赤ん坊の首がポロリと落ちた〉光景が脳裏に浮かんだ。
こんな仕事をしている最中だからこんな事を考えるのだ、と立ち上がる。

隣の部屋へ確認に入ると、床に物が転がっていた。

それは取材で得た、とある写真が入った封筒だった。

所謂、心霊写真である。

中年男性の全身が映ったものだ。棚に差していたものが落ちたのだろう。

しかしこのような軽い物であんな音は出ない。他に何かないかと探したが、該当しそうな物はひとつもなかった。

封筒を確かめると、マスキングテープでしていた封が外れている。

何となく厭な感じがしたので、改めて封を施し、棚へ戻した。

そして、縁起物のアイテムをその前に置いた。


物音と写真の一件から三日も経たない頃だった。

取材協力者の訃報が飛び込んできた。

件の写真に関係した女性だった。

職罪怪談

2022年2月7日　初版第一刷発行

著者……………………………………………黒碕 薫、佐々原史緒、葉月弥生、久田樹生
カバーデザイン…………………………………………………橋元浩明（sowhat.Inc）

発行人…………………………………………………………………………………後藤明信
発行所……………………………………………………………………株式会社　竹書房
〒102-0075　東京都千代田区三番町8-1　三番町東急ビル6F
email: info@takeshobo.co.jp
http://www.takeshobo.co.jp
印刷・製本…………………………………………………………中央精版印刷株式会社